Autoficción, intertextualidad, psicoanálisis

Autoficción, intertextualidad, psicoanálisis
De Doubrovsky hasta Bolaño en viaje de ida y vuelta

Jorgelina Corbatta

Almenara

CONSEJO EDITORIAL

María Isabel Alfonso   Waldo Pérez Cino
Luisa Campuzano   Juan Carlos Quintero Herencia
Stephanie Decante   José Ramón Ruisánchez
Gabriel Giorgi   Julio Ramos
Gustavo Guerrero   Enrico Mario Santí
Francisco Morán

© Jorgelina Corbatta, 2025
© Almenara, 2025

www.almenarapress.com
info@almenarapress.com

Gainesville, Fl.

ISBN 978-1-966932-11-6

Imagen de cubierta: J.F. Gautier d'Agoty (*circa* 1745), Wellcome Collection

All rights reserved. Without limiting the rights under copyright reserved above, no part of this book may be reproduced, stored in or introduced into a retrieval system, or transmitted, in any form or by any means (electronic, mechanical, photocopying, recording or otherwise) without the written permission of both the copyright owner and the author of the book.

Prefacio 9
LAS ESCRITURAS DEL YO. CONSIDERACIONES GENERALES . . . 11
SOBRE LUISA VALENZUELA. AUTOBIOGRAFÍA,
AUTOFICCIÓN, INTERTEXTUALIDAD Y PSICOANÁLISIS 73
TEXTO/INTERTEXTO/INTRATEXTO. LA NARRATIVA
AUTOFICCIONAL DE CRISTINA PERI ROSSI 121
INTERTEXTUALIDAD Y AUTOFICCIÓN EN ROBERTO
BOLAÑO. EL CASO DE SOPHIE PODOLSKI 143
Bibliografía 173

Prefacio

Este libro, como todos mis libros anteriores, resulta de un trabajo de superposición de capas —como en geología—; también, como la propia tectónica de placas, se ha ido construyendo a lo largo de muchos años. Puedo filiar su origen en un interés hacia la autobiografía que, tras mucho leer e investigar, se transfirió a un interés por la autoficción.

La obra del creador del concepto de autoficción, Serge Doubrovsky, me fascinó desde que la descubrí, al punto que laboriosamente transité por sus ensayos, novelas y textos polémicos —muchos entonces solo en francés, aún no traducidos al inglés o al castellano— hasta llegar a una relación de íntima familiaridad con el individuo, su teoría y su obra. Lo más importante fue que ese interés por la autoficción trajo consigo otros descubrimientos importantes, esto es, la relación de la autoficción con la intertextualidad y el psicoanálisis. Académico y ensayista antes que narrador de autoficción, los textos de Doubrovsky están preñados de referencias intertextuales donde literatura, filosofía y arte se iluminan mutuamente. ¿Dónde situar el psicoanálisis en esta especie de palimpsesto? Para Doubrovsky el psicoanálisis hizo posible la autoficción en tanto escritura que resulta de la exploración de la propia vida y su narración en presencia de otro, el analista.

Ese instrumental tripartito, que da título al libro, vertebra el recorrido por los diarios de New York y otros textos de Luisa Valenzuela, los cuentos y la patología creativa de Roberto Bolaño y la itinerancia vital y textual de Cristina Peri Rossi.

Las escrituras del yo
Consideraciones generales

Las relaciones entre la experiencia personal y su ficcionalización mediante la escritura, entre el yo del autor y sus personajes —y en este sentido, entre lo imaginario y lo real, entre verdad y mentira—, han sido a menudo tema de reflexión no solo por parte del creador, sino también por parte del lector, del crítico literario y de más de una investigación guiada por el psicoanálisis. Tres ejemplos ya clásicos: las *Confesiones* de Jean J. Rousseau, *En busca del tiempo perdido* de Marcel Proust, y la trilogía de Julia Kristeva sobre Hannah Arendt, Melanie Klein y Colette. Los tres ejemplos provienen de Francia, de donde procede también buena parte de la crítica que inauguró el interés por la investigación de textos autobiográficos, confrontados con géneros vecinos: las memorias, las crónicas, los diarios íntimos, la autoficción y la autocrítica literaria. Todos ellos transitan por lo que se ha denominado «las escrituras del yo»: escrituras que buscan, por un lado, la unidad de una vida y su verdad, y por el otro, la unidad de una obra y la verdad de su interpretación.

Jean Philippe Miraux, en *La autobiografía. Las escrituras del yo*, considera las *Confesiones* de Rousseau como un ejemplo iluminador en la medida en que plantea cuestiones esenciales de la escritura autobiográfica, a saber: la cuestión del *estilo*, la cuestión de *la verdad* y la problemática del *destinatario*. Para una perspectiva filosófica de la escritura autobiográfica, Miraux recurre a George Gusdorf, quien analiza sus componentes semánticos: *auto* (identidad), *bio* (trayectoria vital) y *grafía* (escritura). A propósito de la formulación de Gusdorf, quien habla de «la exigencia de una limpieza de lo interior», Miraux sostiene lo siguiente:

> se trata de formular por el gesto escritural el límite que separa el espacio interior del yo del espacio visible de lo exterior. Ya se trate de una terapia, de un proyecto puramente literario, de una sucesión de confesiones, de la búsqueda de la comprensión de sí mismo o de la voluntad de fijar la figura del yo, el proyecto autobiográfico [...] trata de circunscribir, por medio de una búsqueda cuyos resultados son improbables, los contornos siempre imprecisos de una esencia que sigue existiendo. (Miraux 2005: 15)[1]

Otro texto que comenta Miraux es el estudio sobre la autobiografía de Jean Starobinski. En *La relación crítica*, y en particular, en el apartado titulado «El estilo de la autobiografía», Starobinski la define como «La biografía de una persona hecha por ella misma: esta definición de autobiografía determina el carácter propio de la tarea y fija así las *condiciones* generales (o genéricas) de la escritura autobiográfica» (2008: 77). Dichas condiciones serían:

---

[1] En el apartado titulado «Por qué hablar de sí mismo?», Miraux considera las motivaciones íntimas de la escritura autobiográfica y el examen de sí mismo que esa escritura conlleva. Cita a Starobinski cuando dice que «Toda autobiografía —aunque se limite a una pura narración— es una autointerpretación» (2005: 39), enfatizando que se trata siempre de «una escritura *a posteriori*», en el sentido en que la entendía Freud cuando relacionaba su estudio del yo con su inscripción en la temporalidad (2005: 41). Hace también referencia a Starobinski a propósito de la relación entre psicoanálisis y obra literaria, con sus semejanzas (uso de la *atención flotante*) y diferencias (autotelia de la obra literaria), y concluye: «Se entiende, pues, que no es el instrumento técnico del psicoanálisis lo que importa, sino más bien el método de aproximación, que permite sacar a luz las redes de significaciones, los ritmos singulares, las repeticiones, las ocurrencias propias de un determinado individuo» (2005: 42). Serge Doubrovsky se extenderá sobre esto en su narrativa y sobre todo en su formulación teórica, llamándolo autoficción.

identidad del narrador y del héroe de la narración; narración y no descripción; secuencia temporal prolongada. Otra distinción que Starobinski destaca es que no solo se trata de un *discurso* narrativo (*discours* opuesto a *récit*, según la clasificación de Benveniste) que «tiene al *yo* por sujeto y por objeto», sino también que «el yo del pasado es *diferente* del yo actual» (2008: 83). Como explica a continuación, el autor «no contará solamente lo que le sucedió en *otro tiempo* sino sobre todo cómo, del *otro* que era, se convirtió en sí mismo». Y concluye «El desvío que establece la reflexión autobiográfica es pues doble: es al mismo tiempo un desvío temporal y un desvío de identidad» (2008: 84).

Autobiografía y autoficción

En el ya clásico *Le pacte autobiographique*, Philippe Lejeune distinguía entre pacto novelesco y pacto autobiográfico señalando como rasgo distintivo del segundo la identidad del nombre del autor y del personaje: un autor vuelto sobre sí mismo en un proceso de introspección verídica, capaz de brindarnos la historia de sus pensamientos, acciones y gestos mediante la elaboración del relato auténtico de su propia vida[2]. Lejeune incluye tres pactos: el autobiográfico (identidad autor y personaje), el referencial (la narración puede confrontarse con la vida) y el pacto de lectura (el lector asume y ejercita los dos pactos mencionados).

Una categoría más reciente vendría a ser la de autoficción, que introduce Serge Doubrovsky en su libro *Fils* (1977) como ficcio-

---

[2] «Relato retrospectivo en prosa que una persona real hace de su propia existencia, poniendo el acento en su vida individual, en particular sobre la historia de su personalidad» (en Miraux 2005: 19). Y la precision arriba apuntada: «Para que haya autobiografía, es preciso que exista *identidad entre el autor, el narrador y el personaje*» (2005: 20; énfasis mío). «El sujeto profundo de la autobiografía es el nombre propio» (2005: 22).

nalización de hechos reales mediante la aventura del lenguaje; la autoficción, sostiene, opera por fuera del canon o la sintaxis de la novela tradicional o de la nueva novela, mediante juegos de palabras, aliteraciones, asonancias, disonancias. También la califica de *escritura concreta* (como en música) o de *autofricción,* actividad pacientemente onanista que busca, sin embargo, compartir su placer con el lector[3]. Otra definición sería la de texto «a caballo» entre dos géneros, suscribiendo, a la vez y contradictoriamente, el pacto autobiográfico (Lejeune) y el pacto novelesco en un intento de abolir límites y limitaciones. Al filiar el género, Doubrovsky lo ve como resultado de la reflexión contemporánea inaugurada por Marx, Nietzsche y sobre todo Freud[4]. Philippe Gasparini, en *Est-il je? Roman autobiograhique et autofiction,* propone tres parámetros para definir la autoficción: escritura literaria, perfecta identidad onomástica entre autor/narrador y personaje, e importancia decisiva concedida al psicoanálisis (Gasparini 2004: 12).

Doubrovsky abre su texto crítico «L'initiative aux maux: écrire sa psychanalyse» (1980) con una cita de Mallarmé, «Céder l'initiative aux mots» —ceder la iniciativa a las palabras—, que según él enuncia la poética de la modernidad al tiempo que reitera otra célebre invitación contemporánea, la de Freud cuando animaba

---

[3] «Fiction, d'événements et des faits strictement réels; si l'on veut, autofiction, d' avoir confié le langage d'une aventure à l'aventure du langage, hors sagesse et hors syntaxe du roman, traditionnel ou nouveau. Rencontres, fils des mots, alliterations, assonances, dissonances, écriture d'avant ou d'après literature, concrete, comme on dit musique. Ou encore, autofriction, patiemment onaniste, qui espère faire maintenant partager son plaisir» (Doubrovsky 1990: 6). Varios críticos encuentran ecos de esta definición en el juego de palabras de Jean Ricardou, «un roman est moins l'écriture d'une aventure que l'aventure d'une écriture». Veáse por ejemplo Chestier 2007.

[4] «Le projet d'écriture de Doubrovsky est celui d'une autobiographie postanalytique, c'est-à-dire d'une autobiographie qui tient compte de la révolution freudienne» (Thomas 2011: 7).

a sus pacientes a decir todo lo que les pasara por la mente, en libre asociación. En ambos casos se propone un lenguaje en libertad que sea no solo creativo, sino también curativo: «la liberté est, dans les deux cas, libération» (Doubrovsky 1980: 166). Se trataría de efectos paralelos pero inversos: en el primer caso el poeta se pierde a sí mismo en el poema, en el segundo el paciente se encuentra a sí mismo en el lenguaje. En ese encuentro entre literatura y psicoanálisis, Doubrovsky reinvindica a la primera en la medida en que la literatura conforma los casos de Freud, que *se leen como cuentos*. Es importante destacar que, a lo largo de todo su artículo, Doubrovsky presenta varios puntos que ha de desarrollar, o *actuar*, posteriormente. Por ejemplo, la afirmación de que los analistas franceses se quieren escritores en tanto que los escritores se quieren analistas, subrayando que en ambos casos (con excepción de Lacan) se da la *misma timidez* en la escritura, en la que «ninguno toca el significante», desconociendo de ese modo las innovaciones de Proust, Céline o Joyce. O lo que viene a ser lo mismo: que escriben *sobre* la experiencia analítica, como pacientes o analistas, pero no *desde* la experiencia analítica en sí misma, escamoteando (en un acto de autocensura) la «experiencia en vivo» del análisis. Doubrovsky cita aquí a André Green, quien se pregunta cómo encontrar un medio adecuado de «hacer pasar» el inconsciente a la escritura (puesto que la lógica del inconsciente es diferente a la lógica racional): aunque se posea el léxico, se carece de la sintaxis. En cuanto a su propia experiencia, la de «escribir su psicoanálisis» en una narración autobiográfica a la que denomina novela —*Fils* (1977)—, Doubrovsky aclara que no fue el producto de una teoría sino de una práctica que le fue impuesta de manera irresistible, consistente en un juego placentero de sonidos y sentido. Asimismo destaca el valor preeminente del *afecto*, presente en toda actividad psíquica y vehiculado por las operaciones de la lengua (el *Fort/Da* de Freud), tanto en el proceso creador como en la recepción del texto: «Je souligne à dessein l'insistance de *l'affect* chez le scripteur, provoquant, en retour, une forte réaction affective du lecteur» (1980: 181)[5]. Volviendo a la frase inicial, que da título al texto, Doubrovsky reitera que ceder la iniciativa a las palabras (*mots*) consiste en valorizar el significante, en especial en su espesor consonántico, sin perder de vista su *valor referencial* (la infancia, la propia vida) o su *eficacia narrativa* (ya que se trata de una novela-autoficción). En cuanto a la segunda parte de este pun, ceder la iniciativa a los males (*maux*) resulta del deseo de «escribir su psicoanálisis», de intentar «una escritura del inconsciente» como quería André Green, o lo que Didier Anzieu, otro analista francés, reconoce en la obra de Samuel Beckett[6].

A continuación, Doubrovsky pasa a comparar el discurso oral del paciente en sesión (con sus repeticiones, distorsiones, lagunas) y la decodificación por parte del analista en un discurso segundo con la escritura que libera y los procedimientos que le son propios, los procesos inconscientes. Para ello cada escritor debe *inventar* su propia lengua, por un proceso de elección y descarte a nivel lexical y/o sintáctico; un ejemplo extremo sería el *Finnegan's Wake* de Joyce. Doubrovsky termina el artículo con una afirmación

---

[5] Doubrovsky conocía y citaba al psiquiatra y psicoanalista francés André Green. Green presenta en agosto de 1977, en el 30th International Psycho-Analytical Congress, Jerusalem, un artículo luego traducido al inglés como «Conceptions of Affect» y publicado en *The International Journal of Psychoanalysis* ese mismo año. Podría especularse que el interés de Doubrovsky, aparte de la mera curiosidad psicoanalítica, podría residir en estudios de Green acerca de la tragedia griega (especialmente la relativa al mito de Edipo) y su reactualización en la tragedia isabelina y el teatro francés, del que Doubrovsky era especialista.

[6] Didier Anzieu, autor de *El cuerpo de la obra. Ensayos psicoanalíticos sobre el trabajo creador*, fue el primero que publicó un ensayo psicoanalítico sobre Borges, incluido en ese libro. Veáse Corbatta 2014.

que es casi una orden: el escritor contemporáneo debe «elaborar conscientemente una escritura para el inconsciente» (1980: 201).

«Corps du texte/texte du corps» (1992b) es un nuevo estudio de Doubrovsky sobre Proust, más desde la perspectiva de un creador que de un teórico de la literatura, donde se identifica a sí mismo con la expresión *word processor* o «maquinaria literaria impulsada por energía subjetiva». Se detiene en el arranque del texto de Proust y en los múltiples valores del *yo* allí presentes: héroe, observador, soñador, comentador. Doubrovsky ve a Proust, y a todo escritor, no como *inventor* sino como *traductor* de ese libro que ya se lleva adentro. Se refiere también a la relación entre obra y pulsión sexual, dado que el escritor desea devenir su propia madre, en una génesis entendida como partogénesis o autofecundación. A lo que se añade la contradicción inherente a todo texto autobiográfico donde un sujeto (personal) busca recuperarse mediante el lenguaje (forzosamente impersonal). El interés aquí, aclara Doubrovsky, reside en el poder generativo del lenguaje y en el dinamismo que lanza y propele el texto a partir del *placer primario del niño con el lenguaje* y en relación con el *deseo del escritor adulto*. Ve el juego de Proust con la palabra *yo* como la epifanía dramática del sujeto: aparición/desaparición, surgimiento/desvanecimiento, simbolizados por el dormir/despertar, con ecos del *fort/da* de Freud (Doubrovsky 1992b: 52-53)[7]. De ese modo la relación del escritor con la lengua remitiría a las fuentes del placer pre-verbal del infante con la lengua materna y con el mundo. Asimismo recupera el *componente sádico*, presente según

---

[7] Recordemos que Freud introduce el ejemplo de un niño de año y medio que juega al *fort* (ido en alemán) y *da* (allí) como forma activa de provocar la desaparición y aparición de objetos, mimando así el sentimiento de displacer por la ausencia materna y el sentimiento de placer tras su vuelta. Véase Freud 1961 y 1986.

Freud en el coito y la reproducción sexual, transpuesto en el sujeto y en la producción textual. De ese modo, la memoria en Proust se inscribiría en la materialidad corporal y de los sentidos, resultando en una suma de escritura/tiempo/cuerpo. De allí proviene el título del artículo, *cuerpo del texto, texto del cuerpo*.

En «Sartre: retouches à un autoportrait» (1992c), Doubrovsky usa textos diversos para explorar cómo Sartre trabaja en su autorretrato, siguiendo el modelo cartesiano, sobre la base de una verdad intersubjetiva y generosa: «Loin de s'enclore en une complaisance égotiste, le sujet autobiographique cartésien est généreux; il n'écrit sur soi que pour mieux partager la vérité avec l'autre» (1992: 125). Ese mismo *yo* lo reencuentra en el final de *Les Mots* como «una bella reciprocidad intersubjetiva» que se resiente, sin embargo, de un «desequilibrio intrasubjetivo», también presente en los textos de Sartre sobre Baudelaire, Genet o Flaubert. Lo explica diciendo que, en la dupla sujeto autobiográfico/sujeto filosófico, la igualdad y reciprocidad entre ambos queda eliminada por la primacía absoluta del polo reflexivo sobre el polo vital: «Dans la couple apparemment uni que forment le sujet autobiographique et le sujet philosophique, toute égalité ou réciprocité des instances se trouvent déjouées par *le primat absolut du pôle réflexif sur le pôle vécu*» (1992: 126; énfasis del original). Doubrovsky considera que, tanto en este caso como en el de Freud, la reflexión prima sobre lo vivido; la narración reseña con la intención de enseñar mediante una pedagogía que le es propia. Esta situación se vuelve más compleja a la luz de textos póstumos de Sartre, de Simone de Beauvoir y de las cartas del primero a la segunda. Un rasgo que Doubrovsky destaca es el de la apropiación como categoría espejo, en el que la reflexión se apropia y enuncia lo vivido (filosofía/autobiografía), buscando comprenderlo. Otra categoría sería la de claridad enunciativa o teórica ejercida como huída. Añade que es este omnipresente conflicto entre filosofía y vida, entre ideas y sentimientos, lo que lleva a Sartre a formular su concepto de «mala fe». De ese modo, concluye Doubrovsky, la *racionalidad* de los *Carnets* se convierte en *racionalización* (1992: 137). Descubre también que, a pesar de ese deseo juvenil de «contarlo todo» presente en los *Carnets,* hay una autoconfesada ausencia de *intimidad* y, sobre todo, de sexualidad. En este punto Doubrovsky hace confluir la lectura de los *Carnets,* las *Lettres à Castor,* las entrevistas a Sartre y a Beauvoir y las novelas y ensayos de Sartre como una maquinaria textual constituida por esas publicaciones cruzadas y cuyo funcionamiento termina produciendo *varios y diferentes autorretratos* de Sartre. Esto es: Sartre como funcionario, profesor, escritor, sátiro o sádico. De hecho, Doubrovsky comprueba que la sexualidad de Sartre no aparece ni en *Les mots* ni en los *Carnets* sino en aquellos textos filosóficos donde analiza el sadismo, la masturbación, el cuerpo de la mujer (la viscosidad femenina, la carne que responde a la caricia). El amor solo se da en las *Lettres à Castor* (mujer «à masculin», pseudónimo de Simone de Beauvoir) bajo la forma de una intimidad sin sexualidad, casi sin cuerpo, donde *el* Castor es mentor y juez supremo de su conducta, super yo y conciencia moral. Sin embargo, en la estrategia epistolar de Sartre (acostarse con otras mujeres y contarlo en cartas a Simone), el Yo transforma al Superyo en *doble, alter ego voyerista*, a la vez juez y cómplice en el gozo. Desde el principio Doubrovsky ha establecido que su análisis se ha de centrar en la declaración de Sartre —«Vraiment vie et philo ne font plus qu'un» (1992: 128)— que, al final de su estudio, contradice: «A chaque étape de cette étude, nous avons, au contraire, découvert une relation no point *univoque*, mais *équivoque*» (1992: 165; énfasis del original). Así como Doubrovsky detectaba la presencia de Descartes como modelo de Sartre, pareciera evidente que Sartre es su propio modelo, al que se adhiere y debate a partes iguales[8].

---

[8] Véase Robin 1997, donde se enfatiza la poderosa filiación imaginaria

Autoficción y psicoanálisis

El texto de Doubrovsky más completo sobre la relación entre autobiografía y psicoanálisis lo constituye, sin duda, «Autobiographie/verité/psychoanalyse» (1992a), que aborda no como teórico sino como practicante del género. Distingue, en principio, la literatura testimonial o documental que sigue la «ley suprema» del género: decir la verdad, en relación con la realidad y en oposición a la ficción. Esta se da, contemporáneamente, en la escritura de pacientes/analistas, que cuentan sus respectivas experiencias como transcripción/explicación. Siguiendo la propuesta de Michel Leiris, Doubrovsky se interesa sobre todo por una escritura que reviva y prolongue la experiencia psicoanalítica mediante un lenguaje propio. O sea, una vez más, lo que él ha hecho en *Fils* y explicado en «Écrire sa psychanalyse» y en «donner l'initiative aux mots...», ya comentados. Lo novedoso en este artículo es la relación que se establece con la *noción de verdad* y ver cómo esta opera dentro de la estructura tripartita de la novela: 1. pre-verdad (antes de la experiencia analítica); 2. la batalla por la verdad (la sesión de análisis); 3. post-verdad (la experiencia tras el análisis). Si el narrador/personaje/autor es SD y lo allí contado es verdad factual, ¿por qué entonces califica al texto de «roman»? La respuesta nos remitiría al comienzo de este apartado, o sea, a lo que Doubrovsky llama «el lenguaje de la aventura y la aventura del lenguaje». En ella, la ficcionalización no reside en los hechos en sí sino en el tratamiento linguístico de los mismos, en la primacía del significante sobre el significado a partir del intento de *escribir el inconsciente*. Asimismo, y dado que el inconsciente es atemporal, el relato no será histórico o lineal sino fragmentario y asociativo, y de ese modo el discurso lógico-cronológico será

---

de Doubrovsky con Proust y Sartre.

reemplazado por una especie de divagación poética. Y lo que es más importante: el analizado ocupará, en la escritura, el lugar del analista, con la doble misión de narrar/curar (recordemos: «donner l'initiative au mots, donner l'initiative aux maux»). De ese modo, en la trilogía del título, la instancia reguladora la constituye el psicoanálisis: «Dans le système ainsi formé, Autobiographie/Verité/Psychanalyse, la psychanalyse est l'instance régulatrice, maîtresse des deux autres, et qui en assure du dehors le bon fonctionnement» (1992a: 73). En el caso de su novela *Fils*, esta concepción instaura un nuevo sentido de lo real (y de la verdad) al anexar al texto la experiencia analítica cuya «realidad» solo existe en el discurso que la constituye. Vinculado al análisis pulsional de la sesión analítica y a su transposición textual, Doubrovsky aborda la noción de canibalismo: ¿quién come a quién en la escritura/lectura del texto, en la dupla paciente/analista y en la contienda/encuentro entre análisis y ficción? Leemos:

> en incorporant au tissu même du roman associations et interprétations qui font la trame de toute séance réelle, mieux, en l'utilisant comme principe générateur du récit, c'est l'experience analytique qui se trouve peu à peu assimilée par la fiction reprise par le texte. La structure narrative ternaire, que nous avions repérée, 'avant-pendant-après' la séance, et qui paraissait privilégier cette dernière en faisant le pivot du livre, a aussi l'effet inverse: en plaçant l'expérience analytique au centre du livre, le text se referme sur elle et la phagocyte. (1992a: 76)

¿Quién come a quién en esta experiencia que, como en el amor, se da siempre entre dos? ¿Quién de los dos es el verdadero sujeto humano o el sujeto que tiene la verdad? Pareciera que la emergencia de la verdad, aunque sea el producto de ambos, es sin embargo solitaria. El paciente está solo en la asunción última de la imagen devuelta en el circuito con el otro, así como el analista está solo asumiendo su propia comprensión del caso, desde la larga progresión con y a través del otro. Juntos/solitarios —aclara— en esta relación humana, tal como en cualquier otra. Ya que si el diván psicoanalítico es el lugar de la solidaridad y el lenguaje es su campo de acción, la mesa de la escritura es irremediablemente solitaria. Y agrega: tanto para el paciente como para el analista esta soledad es la consecuencia de un asesinato, del asesinato del otro. Y cita nuevamente a André Green: «Si l'on admet qu'on écrit toujours en référence à la pratique analytique, le mouvement d'écrire est toujours celui où l'analysant est absent» (1992a: 76). Aquí Doubrovsky vuelve a referirse a Mallarmé, para quien la palabra era el asesinato de la cosa, así como para el analista es la muerte del paciente. O, corrige, la digestión del paciente mediante la formación de una teoría sobre el paciente, ejercicio de poder y también una especie de venganza. Así el analista da su versión en la formulación de un caso y el paciente, en este caso Doubrovsky, da su propia versión mediante la escritura de la autoficción: «L'autofiction, c'est la fiction que j'ai décidé, en tant qu'écrivain, de me donner de moi-même et par moi-même, en incorporant, au sens plein de terme, l'expérience de l'analyse, nonpoint seulement dans la thématique, mais dans la production du texte» (1992a: 77)[9].

Antes de abordar el siguiente texto teórico, «textes en main», conviene hacer un alto para una síntesis de *Fils*, tantas veces citado como ejemplo, y germen, de la llamada autoficción. El libro, que se identifica como *roman* y lleva dos dedicatorias, una a su madre y la otra a su esposa («A ma mère qui fut source» y «Pour Noémi qui fut resource»), se divide en seis partes: «Strates», «Streets», «Rêves», «Chair», «Chaire» y «Monstre». «Strates» consiste en una poética introducción de los encuentros cuerpo a cuerpo

---

[9] Véase la versión que Akeret da de su paciente Doubrovsky (pp. 41-52) como ilustración de estas apreciaciones teóricas.

con su amante en un torbellino de aeropuertos, estaciones de tren, desembarcaderos («amores circulares»), durante tres años de idas y vueltas entre una orilla y la otra. Desesperación en el momento de la separación, visas, fronteras, estado civil, prohibición, negación. Hay también referencias a sus libros, tranquilizantes, insommio, curso del día siguiente sobre *Fedra* de Racine y la necesidad de releer a Barthes y Charles Mauron[10]. En la despedida en el Skyway Hotel de Southampton aparece la pregunta recurrente: *tú o mi mujer, una vida u otra, una ciudad u otra*, en una indecisión constante acerca de su doble vida[11]. Silencio de su amante, caminatas por París, convivencia con su mujer, análisis con Akeret cuando muere su madre (declaración de un lapsus: en lugar de decir su *madre muerta*, dice *yo muerto*). Sin embargo, el capítulo que reviste mayor interés para nuestro tema es, sin duda, «Rêves», donde se transcribe extensamente el diálogo con su analista, mezclando inglés y francés, y se centra en el análisis de un sueño suyo sobre el que ha de volver recurrentemente[12].

---

[10] Charles Mauron inaugura en Francia la crítica literaria psicoanalítica con su método de «psychocritique».

[11] Véase al respecto Holm 2017, donde se afirma: «Romancier et théoricien décriant les frontières génériques, Doubrovsky franchit pourtant sans cesse des frontières dans ses œuvres, frontières géographiques, identitaires et génériques, entre autres dans ses choix de narration» (2017: 2).

[12] «Sur une plage (en Normandie?) dans une chambre d'hôtel. Je suis avec une femme. Par la fenêtre, nous regardons la plage. Je dis: "Si seulement il y avait du soleil, nous pourrions nager." Soudain, nous voyons une espèce d'animal monstrueux sortir de l'eau et ramper le sable (tête de crocodile, corps de tortue). Je veux tirer sur l'animal [...] Je veux tirer sur l'animal, bien que je n'aie rien d'autre qu'une carabine à plomb, comme celle que j'avais dans mon enfance. Mais quelqu'un ouvre une fenêtre derrière et crie contre l'animal qui retourne en rampant à l'eau. Je suis furieux de ne pas avoir eu la possibilité de tirer» (1977: 158-159). [«En una playa (¿en Normandía?) en una habitación de hotel. Yo estoy con una mujer. Por la ventana vemos la playa. Yo digo, "Si

Tras este *detour* sobre *Fils*, volvamos ahora a sus ensayos. En «Textes en main» (1993) Doubrovsky revisa obras posteriores a *Fils* (que ya había citado en extenso y analizado en artículos anteriores) para continuar el análisis de su práctica escritural del género. En *Un amour de soi* (1982) distingue la autobiografía —género de la gente célebre: estrellas de cine, deportistas, políticos— de la autoficción, que, al transformar su vida en frases, la vuelve interesante al tiempo que lo deja exhausto[13]. Reitera que al narcisismo original en este tipo de ficción (*autoficción* y *autofricción*) se une la alquimia del lenguaje, capaz de transformar lo cotidiano y banal en obra literaria. Enfatiza la dimensión metatextual, metacrítica, en la que la ficción se vuelve sobre sí y reflexiona sobre el género (tal como hicieran, por ejemplo, Proust o Joyce). En su tercer libro, *Le livre brisé* (1989), destaca la aparición de otro elemento constitutivo de la autoficción: a diferencia de la autobiografía, que busca reencontrar y reconstruir la unidad del relato y la unicidad del yo, la autoficción solo puede expresarse mediante

---

solamente hubiera un poco de sol, podríamos nadar". De golpe, vemos una especie de animal monstruoso salir del agua y tenderse en la arena (cabeza de cocodrilo, cuerpo de tortuga). Yo quiero dispararle al animal [...], aunque no tengo sino un rifle de perdigones, como el que tenía en mi infancia. Pero alguien abre la ventana y le grita al animal, que se vuelve al agua. Estoy furioso por no haber tenido la posibilidad de disparar»; mi traducción].

[13] «J'écris mon roman. Pas une autobiographie, vraiment, c'est là une chasse gardée, un club exclusif pour gens célebres. Pour y avoir droit, il faut être quelqu'un. Une vedette de théatre, de cinema, un homme politique, Jean-Jacques Rousseau. [...] J'éxiste à peine, je suis un être fictive. J'écrit mon autofiction [...] Depuis que je transforme ma vie en phrases, je me trouve intéressant. A mesure que je deviens le personage de mon roman, je me passione pour moi. [...] Ma vie ratée sera une réussite litéraire [...] Écrire au bistouri me fatigue» (Doubrovsky 1982: 74-75). En varias ocasiones Doubrovsky ha citado a Freud, quien en carta a su amigo Fliess decía: «Tras descubrir el inconsciente, me he vuelto mucho más interesante para mí mismo».

el fragmento, la ruptura, lo discontinuo y simultáneo[14]. En «Textes en main» Doubrovsky cita como ejemplo una frase de Marguerite Duras en *L'amant:* «L'histoire de ma vie n'existe pas. Ca n'existe pas. Il n'y a jamais du centre. Pas de chemin, pas de ligne» (1993: 211). En *Un amour de soi* y en *Le livre brisée,* Doubrovsky se define como «un ser ficticio» (algo equiparable al encuentro con la naúsea del personaje de Sartre), solo recuperable mediante una escritura que, afirma, sigue fiel al pacto referencial de Lejeune[15]. Comenta luego otro texto suyo, al que califica de *receta culinaria,* aclarando que tanto en la cocina literaria como en la otra el arte reside en la preparación, en el modo de tratar la materia bruta. Menciona una vez más a Sartre como su modelo literario en este tipo de escritura y reitera *la seducción* como su valor fundamental. Seducción del eventual lector, de la mujer amada y, sobre todo, de sí mismo: no se trata de la proyección de autosatisfacción sino de la *compensación,* mediante la ficcionalización, *de un profundo aburrimiento, o disgusto de sí, de un rechazo de la propia existencia*: «je transforme mon existence exsangue en texte construit» (1993: 214). Con la ambivalencia que lo caracteriza, Doubrovsky afirma a continuación que no hay recetas sino *fatalidad* en la que lo escrito, autoficción, se transforma en autobiografía. Para ello

---

[14] Vincent Colonna, en *Autofiction et autres mythomanies littéraires,* dedica un largo apartado, «Invention et fortune de néologisme», al término creado por Doubrovky (2004: 196-200). Término, por otra parte, que él mismo usa en su tesis, dirigida por Gérard Genette. Philippe Gasparini (2004) resume los rasgos que caracterizan la autoficción según Doubrovsky: escritura literaria, perfecta identidad onomástica entre autor/narrador/héroe, y una importancia decisiva acordada al psicoanálisis.

[15] Se opone aquí a «ciertos néo-autobiógrafos» y en especial a Vincent Colonna: «Ma concepcion de l'autofiction n'est pas celle de Vincent Colonna, «ouevre littéraire par laquelle un écrivain s'invent une personnalité et une existence, tout en conservant son identité réelle (son veritable nom)» (1993: 212).

recurre a un ejemplo doloroso: la muerte/suicidio de su esposa Ilse en 1987, ya figurada en la frase «si j'écris, c'est pour tuer una femme par livre», y su reflexión última acerca de la ironía trágica de esa anticipación: «Pour quelqu'un qui croyait "connaître la cuisine"... L'ironie tragique, lorsqu'elle nous rejoint, est toujours parfait et parfaitement cruelle» (1993: 217).

Autoficción y autocrítica

Como ya se dijo el género autobiográfico, la autoficción y otras formas de lo que se ha llamado las escrituras del yo han tenido extensa repercusión en Francia, tanto en la producción de textos como en la reflexión teórica y crítica. Antes de volver a la producción creativa y crítica de Doubrovsky me interesa detenerme en lo que allí se ha denominado autocrítica, y en especial abordar el libro de Jean Luc Pagès *Le jeu de l'autocritique littéraire à l'autofiction. De Proust à Doubrovsky* (1997). La autocrítica sería, en principio, una autorreflexión crítica del propio autor sobre su obra autobiográfica en relación con su propia vida y con la teoría que sostiene su escritura. Si las escrituras del yo constituyen la búsqueda de la unidad de una vida y su verdad, la autocrítica sería entonces la búsqueda de la unidad de la obra y de la verdad de su interpretación; la primera como confrontación de recuerdos y la segunda como confrontación de estéticas, en la cual el escritor revisa su propia obra bajo una óptica diferente, que conlleva a su vez una nueva orientación estética, y hasta ética. Todo lo cual reviste, según Pagès, la forma de un *juego* —tal como figura en el título de su libro— o de un *doble juego*; o incluso, de un *triple juego*, al incorporar al lector[16]:

---

[16] Véase en especial 1997: 14, donde agrega que, aparte de las interpretaciones textuales por parte del lector, hay que tener en cuenta la mediación y control de esa exégesis como estrategia del autor.

L'autocritique, c'est donc aussi ce qui met en jeu le «moi" de l'écrivain et sa médiation, *jeu double*, à la fois critique et autobiographique. Ludique et contradictoire, l'autocritique conditionne enfin les présupposés que la critique littéraire va utilizer pour commenter et interpréter l'oeuvre. (Pagès 1997: 12; énfasis mío)

Tras estas consideraciones generales, en el primer capítulo Pagès se dedica a filiar y precisar el significado de *autocrítica*, cuyo sentido original, dice, pasa de la psicología a la política, y cuyo uso literario en el siglo XX ha tenido como función delimitar mejor los pactos de lectura y reforzar los índices de ambiguedad genérica de la obra. No sorprende entonces que sea Doubrovsky quien la usa por primera vez, al afirmar que «l'autocritique [...] est une des formes supplémentaires que prend l'autobiographie moderne» (1997: 25). A continuación Pagès hace un recuento histórico del fenómeno, que se iniciaría con Corneille, seguido por Diderot, Rousseau, Goethe y los prefacios como *forma lateral* de la crítica (el caso de Sainte-Beuve, Gautier, Balzac, Maupassant, incluso de Borges), para detenerse en Proust, a quien considera el primer ejemplo de escritor que usa las reflexiones críticas para elaborar su obra, y también el primero en usar las entrevistas como sustituto de prefacios (1997: 38). Respecto de las entrevistas, anota Pagès, estas inauguran a comienzos del siglo XX una nueva relación entre los escritores y la crítica, signada por la mediación.

De singular interés es el apartado que Pagès dedica a la evolución de las relaciones entre escritores y crítica, destacando que en la actualidad al escritor se le ofrecen dos alternativas: arbitrar los debates en torno a su obra, con el propósito de aportar claridad pero también corriendo el riesgo de ser mal interpretado, o dejar que los críticos «disequen» su obra. Para contrarrestar estas accciones, el escritor tiene que establecer ciertas estrategias respecto de la concesión de reportajes (caso de Kundera,

Barthes, Rushdie); tener conciencia de la famosa «muerte del autor» (que lo elimina totalmente en favor de la obra) y ubicarse a sí mismo en relación con la existencia de críticos-escritores (como los llama Todorov), encabezados en Francia por Sartre, Blanchot y Barthes.

Pagès enuncia una definición de *autocrítica*, calcada de la que Lejeune hiciera de la *autobiografía*: «Relato crítico retrospectivo o prospectivo en prosa que un escritor hace sobre sus propios escritos, cuando intenta una explicación y/o interpretación poniendo el acento en su estilo y en particular en los mecanismos mismos de la escritura» (1997: 50; mi traducción). Sus rasgos fundamentales, entonces, serían: crítica en forma de relato, cuyo tema es el mismo que el de su objeto, pero tratado de forma reflexiva y con identidad entre narrador y crítico. Esta autocrítica o autobiografía crítica es, a la vez, la autobiografía vital e intelectual del escritor. Como ejemplo cita «Sartre, retouches à un autoportrait», donde Doubrovsky vinculaba a Sartre con Descartes, inscribiendo así la problemática de la autocrítica dentro de la filosofía. Y se pregunta Pagès: «Mais tous les écrits personnels ne sont-ils pas toujours un recherche existentielle par l'écriture?» (1997: 54). Agrega que esta dimensión autocrítica se da no solo en la literatura, sino también en pintura y en el cine contemporáneo, y cita a Godard para confirmar su punto: «Quand on fait de la critique, on se sert de l'autre pour être soi-même. *Moi, je fais toujours le film et la critique du film*» (1997: 57-58; énfasis mío). Volviendo a Doubrovsky, Pagès señala que en *Le livre brisé* el narrador autobiográfico garantiza su objetividad mediante la lectura del texto por parte de su esposa Ilse (equilibrio mediante dos versiones de lo mismo), a la que Doubrovsky llama *la primera lectora, la mejor, la más estricta*[17]. A

---

[17] Véase también el apartado «Intertextuel» (1997: 68 y ss).

continuación Pagès introduce un tipo de autocrítica que denomina *intertextual*, en relación con la teoría de Gérard Genette y sus cuatro categorías: la cita, el plagio, la referencia y la alusión (1997: 68)[18]. En el caso de Doubrovsky esa autorreferencia crítica y ficcional constituye parte de la trama intertextual que oficia, una vez más, como juego de espejos enfrentados para dar cuenta de los múltiples ángulos de su auto- y hetero-retrato.

Autoficción/autocrítica y psicoanálisis

En este rastreo de marcas teóricas que unen autoficción, autocrítica y psicoanálisis, me interesa ahora subrayar la recurrencia, en la escritura de Doubrovsky, de la experiencia analítica en New York con Akeret, confirmando el axioma de Lejeune. Lo que Doubrovsky busca, dice Lejeune, es *prolongar el análisis a lo largo de toda su obra*[19]. Empiezo por *L'Après Vivre* (1994), en donde a esas nociones y su práctica se añaden reflexiones acerca de su imputado narcicismo y referencias a la muerte de su madre como motivación de su análisis. Es así que la incapacidad de separarse de su madre / la necesidad de huir reaparecen como ejes recu-

---

[18] Se ocupa también de otras formas transtextuales estudiadas por Genette —metatextualidad, uso de paratextos y architextualidad— en las páginas que siguen, y en especial en las dedicadas a la autoficción/autocrítica de Doubrovsky (1997: 94-97).

[19] Pagès cita palabras de Rachel en *Un amour de soi* de Doubrovsky: «Comment ne voit-tu pas qu'en te prennant pour Proust, *ou en prennant le lecteur pour ta mère et/ou ton analyst*, en te passant toutes les complaisances, tu as nui à ton roman, tout comme tu as nui à notre vie, et *pensant que tu étais Marcel, et moi ta mère*» (énfasis mío), y analiza la plurivalencia de significados allí presentes. Me interesa destacar, por el momento, lo siguiente: «*Tout un programme maternel* réside déjà dans le titre *Fils* (hijo/hilo), qui est le récit d'une journée selon l'unité de temps d'une tragédie et donc *le centre est une analyse avec Akeret*» (1997: 123; énfasis mío).

rrentes de su *doble destino*: un yo dividido entre New York y París, inglés y francés, profesor y crítico, ensayista y creador, residente en París y con dos hijas en los Estados Unidos: «A force d'être attaché à ma mère, j'ai dû fuir. Ma fuite est devenu une derive, une débacle» (Doubrovsky 1994: 35)[20]. O pensando en Ilse, su mujer suicida y *su mejor lectora*, dice «Avec les morts, la lutte à mort. Ou on les tue, ou ils vous tuent. *Huit ans j'ai mis a tuer ma mère. Assisté par mon analyste*» (1994: 139; énfasis mío). O cuando decide poner un aviso para encontrar pareja y, de entre las 68 cartas que recibe, elige llamar a la más joven —23 años—, como un padre en busca de una hija que a su vez pudiera estar en busca de su propio padre:

> *Un mot de mon psy me revient soudain, on a des fragments de séances qui surgissent de but en blanc, des annés après, dans la tête.* Dejà, à la quarantaine, je m'inquiétais pour mes vieux jours, *Akeret, d'un ton d'oracle,* laisse tomber la sentence, *there always be those who have developmental problems with their fathers.* (1994: 175; énfasis mío)

En contraste con el recuerdo generalmente agradecido a su analista americano, en «Parution» Doubrovsky considera su

---

[20] En *Un homme de passage* ese balance recurrente vuelve a formularse con una frase en inglés, «I don't belong anywhere» (Doubrovsky 2011: 325). A continuación, Doubrovsky comenta su actual interés, viviendo en París, por la literatura en lengua inglesa, en tanto que, cuando vivía en New York, estaba immerso en la literatura francesa: «La paradoxe, quand j'ensaignais en Amérique, c'etait le français, j'étais tout entire plongé dans la littérature française. Maintenant que je suis à la retraite en France, je vais pouvoir enfin reprendre contact avec la littérature de langue anglaise. C est l'image de ma vie, tout chez moi tourne en son contraire, j'ai une existence oxymore» (2011: 330-331). Si bien hay pocas referencias al cine en Doubrovsky, interesa una sobre Woody Allen: «Woody Allen, J'aime toujours. *Surtout dans le films où il joue, se joue lui meme* (2011: 94; énfasis mío).

experiencia con analistas y psiquiatras parisinos, quienes experimentaron sin mayor éxito con ansiolíticos y antidepresivos para sacarlo de su inercia y catatonia y que, en vez de hablar de sentimientos y causas, se interesaban por síntomas y efectos. Enumera también sus intentos, igualmente infructuosos, con diferentes analistas francesas: la que se niega a leer su libro; la que señala que, en vez de hablar de mujeres, le interesa abordar la relación de Doubrovsky con los hombres; la que podría ser su madre.

En *Un homme de passage* (2011) Doubrovsky, que acaba de jubilarse como profesor universitario en New York, está desocupando su departamento y seleccionando qué llevarse consigo y qué dejar o donar. Pasa revista a carpetas de recortes, viejas fotografías, reseñas de sus libros, cartas, apuntes de clase, etcétera. Un archivo titulado *psy* le trae de nuevo el recuerdo de la muerte de su madre en febrero de 1968, y de resultas la consulta en marzo de ese año con un analista, Akeret, a quien verá dos veces por semana durante ocho años. Terapia acompañada de una intensa y disciplinada lectura de Freud:

> *En même temp que j'ai appris à déchiffrer mes rêves avec Akeret*, je me suis mis à étudier *The Interpretation of Dreams*, Freud en anglais, tout ce que j'avais sous la main à l'époque [...] J'étais un étudiante systématique. En rose, *Les études sur l'hystérie*. En marron, des notes supplémentaires sur le rêve princeps, «L'injection fait à Irma». Et des notes sur l'analyse qu'en fait Erikson. En bleu, «Le cas Dora». (2011: 101; énfasis mío)

Revisando fotos del pasado encuentra una con su hija, en la época en que él dividía su tiempo entre su amante y su familia, New York y París, lo que le hace pensar nuevamente en Akeret y su nuevo descubrimiento de «fotoanálisis»: «Akeret me revient d'un coup à l'esprit, il faisait de la *photoanalysis,* invention qui lui était chère, lecture psychanalytique des photos surtou d'enfance...» (2011: 231)[21]. Desecha esta práctica («je ne vais pas

---

[21] Se refiere al libro de Akeret *Photoanalysis* (1973), editado por Thomas Humber. En una de las reseñas del libro, el profesor de antropología Richard Chalfen señala varias confusiones sistemáticas: 1. carencia de modelo discernible de comunicación visual en general y de comunicación fotográfica en particular, lo que promueve «a false method of interpretation and analysis» (Chalfen 1974: 57); 2. confusión entre la idea de que son las fotos las que «dicen algo» (falso) y la noción verdadera de que es la gente la que dice cosas acerca de las fotos, lo que, para ser descifrado, demanda conocimiento de diferentes modos de percepción, de convenciones de inferencia e intención, y de estrategias interpretativas y modelos de inferencia. «In other words, a great deal of background work is needed before we can say what is happening (especially in terms of meaning) in any photographic communication event» (1974: 58). Pero lo que Gaffen considera más criticable en el método de Akeret es la ausencia de contextualización del «evento» fotográfico que analiza por la falta de un marco conceptual para el análisis de la comunicación visual, lo que produce comentarios intuitivos, superficiales y no objetivos: «Akeret has gone considerably beyond any sense of objective description of manifest content. The author consistently makes intuitive inferential leaps to produce what I judge to be unsound and unjustified conclusions» (1974: 58). En cuanto a la verdad, «Akeret insists that despite all potential sources of influence on on-camera behavior, a special "truth" quality emerges from a photographer-subject interaction [...] To agree or disagree with this proposition, we certainly must seek to learn more about photographic events and the significance of that special moment» (1974: 58). Señala que, si bien Akeret reconoce sus deficiencias e ignorancia, «readers must conclude that these remarks are only attempts to cover future criticisms of the book since the author consistently ignores his own good advice and repeatedly makes intuitive psychologically oriented references based on no sensitivity to these important contextual factors» (1974: 58). Otro factor importante, dado que el propósito del análisis de Akeret es hacer aserciones acerca del significado proveniente de la observación de fotografías, es que esos significados están siempre determinados culturalmente (lo que Akeret desconoce totalmente). La reseña termina calificando al libro de *cocktail table book* y agrega: «For the serious scholar of social communication, looking for something different from cocktail-party chatter, *Photoanalysis* will be a great disappointment» (1974: 59). Me interesa destacar que el reseñador ni siquiera toca el valor del

me mettre à faire de la photonalysis à l'Akeret» 2011: 234) a la vez que recuerda su obsesión de entonces con Proust: «Normal j'étais en analyse avec Akeret pour attachment fusionnel à ma mére» (2011: 235)[22]. Y tras esa revisión, Doubrovsky intenta un auto-balance correctivo: buen profesor, buen escritor pero no buen padre: «[mon père] a epoussé ma mère pour me faire, pour se réproduire. Moi, je n'ai jamais voulu avoir des enfants» (2011: 236). Sus dos hijas, sin embargo, serán el báculo en su vejez junto con su hermana. Retornando a sus carpetas y fotos, y también a Proust, Doubrovsky dice:

> Cher, très cher Proust, je ne me retrouve pas, je me réinvente. Au fils de ces souvenirs que éclatent, explosent en instantanées furtifs, je brode. Ma vie pour moi est ma fiction, mon autofiction. Comment on se raconte à soi-même. Cela ne veut pas dire que c'est faux. Ce était trop simple. Il y a des souvenirs durs comme du silex qui me frappent, il existe de l'undubitable, mais déconnecté [...] je ne suis pas un tour, mais un trou. (2011: 278)

Nótese que, ante la pregunta acerca de su propia identidad, Doubrovsky reitera que se reinventa por las palabras que llenan los vacíos, intentando restaurar su persona a través de sus personajes. Concluye que la coherencia acerca de su propio yo no proviene de cartas, fotos o imágenes diversas del pasado sino de sus libros. Vuelve a su mente el hecho de que todas las mujeres

---

libro como instrumento de análisis psicológico. Como veremos en los apartados siguientes, la superficialidad, la ignorancia y un pretencioso y vacuo deseo de innovar conforman una constante en la escritura y la práctica profesional de Akeret. También su estrategia de autodefensa ante futuras críticas, con declaraciones falsamente autocríticas.

[22] Véase, en la sección dedicada a Akeret, la aclaración a esta referencia veladamente desdeñosa por parte de Doubrovsky.

que ha amado han muerto antes que él, empezando por su madre, lo que determinó el comienzo de su análisis con Akeret: «Qu'un ultime recours, je suis entrée en analyse. J'y suis resté huit ans. *Ça bien commence, mal fini.* En tout cas ça m'a aidé pendant» (2011: 287; énfasis mío). Volveré sobre este *buen comienzo/mal final* en la controversia textual entre ambos. Doubrovsky menciona también su vuelta a la lectura de Freud, esta vez en alemán como homenaje a la memoria de Ilse (su segunda esposa, nacida en Austria, *lectora* de *Le livre brisée,* y suicida), y cuya muerte y el libro a ella dedicado se convirtieron en objeto de debate público. Se detiene, en especial, en su responsabilidad respecto de esa muerte: debido al pacto de escribir juntos ese libro, Doubrovsky le había enviado a Ilse, sola en París a la espera de su visa para encontrarlo en New York, el capítulo titulado «Beuveries», donde narraba detalladamente su alcoholismo. Tras la lectura, ella se mata: «La mort d'Ilse reste à jamais ambiguë. L'alcool. L'ecriture. Ou les deux» (2011: 290)[23]. Y el ritornello: *he matado una mujer por libro* (Ilse, por excesiva ingestión de vodka; Elle colgada en su bodega; su primera mujer, muerta de un aneurisma). En ese recuento obsesivo de su propia vida, ahora jubilado y octogenario, Doubrovsky se autorretrata (como Borges en «Borges y yo») como un ser dividido entre el hombre público y el hombre privado. Nuevamente, en un intento compensatorio de autoafirmación, enumera sus libros, los premios recibidos, los coloquios en su honor, las entrevistas y sus múltiples intervenciones en la prensa y la televisión para reconocer que, desafortunadamente, esa suma de logros no lo definen. Comprueba que el que interesa es «Serge Doubrovsky», el personaje que ha inventado en sus libros y que lo ha sustituido como persona: «Ce moi-peau, ce moi-chair, ce moi qui va bientôt périr et pourrir. Je suis devenu en écrivant une fiction de moi-

---

[23] Véase también «Apostrophes» (en Doubrovsky 1994: 295-314).

même. C'est cette fiction qui intéresse. Moi, je me retrouve seul, clés en main, devant ma porte» (2011: 323).

Doubrovsky/Akeret: autoficción/verdad/psicoanálisis

> Depuis que j'ai entrepris d'étudier l'inconscient, je m'apparait à moi-même très intéressant.
>
> Sigmund Freud («Lettre à Fliess», 3 de diciembre 1897)

> Voilà, j'ai trouvé. Moi aussi, depuis que j'ai découvert mon inconscient en analyse, je me trouve intéressant. *Merci à Freud, par l'intermédiaire de son représentant Akeret*. Freud encore, dans une autre lettre à Fliess: «*Je t'ai dit que mon plus important patient était moi-même*». Ma personne est mon plus important personnage. A mesure que ma propre histoire m'était révélée, cela m' incité à l'écrire. Comme Freud écrivait ses fameux cas. Par un hazard si j'ai appelé mes premiers balbutiements *Monsieur Cas*[24]. Tombé pile: *mon analyse s'était deroulée en anglais, je n'ai plus qu'à la traduire, la trahir en français. Je la reprends à mon compte. D'auteur. J'expulse, 'puise Akeret dans quelques remarques anglo-saxonnes, je deviens l'analysant et l'analyste. Par vertu de l'écriture, je deviens le maître de l'ouvre. Sacrée trouivalle, elle me consacre. Je ne suis pas un instant guéri de*

---

[24] En 2002, según Isabelle Grell (2014), Doubrovsky le confió a ella y a su equipo cuatro cajas de cartón y una valija con textos de *Fils* escritos entre 1970 y 1977, que se titulaba primero *Monsieur Cas* y luego *Le Monstre*. Grell se refiere a esos textos, que suman alrededor de 9 000 páginas, como el «dossier génétique» de *Fils*.

> *ma névrose, elle est encore, au désespoir de mon analyste, renforcée. Mais moi, j'ai trouvé le moyen de me revancher de mes faiblesses, de mes manques, en les étalant, en les couchant pas seulemente sur le divan mais sur le papier.*
>
> Serge Doubrovsky
> (2011: 337; énfasis mío)

Como se ha visto, el psicoanálisis constituye para Doubrovsky un elemento fundamental en la escritura, y teorización, de la autobiografía que él denomina autoficción. La voz y las ideas de su analista americano Akeret —y por su intermedio, de Freud— están presentes en toda su obra como elemento constitutivo, antagonista y diversificador, catalizador y curativo (no de sus neurosis, pero benéfico para su obra). O es así al menos hasta *Le livre brisée*, donde el analista pareciera ser reemplazado por su esposa Ilse, presente aún después de muerta[25]. Como se ha visto, su propia experiencia analítica, narrada en el capítulo «Rêves» de *Fils*, resulta de lo que André Green llamaba *transponer el inconsciente en la escritura* o representar la propia experiencia analítica mediante un gesto que recuenta la propia vida en presencia de otro, lo que lo hace verse interesante y sentirse vivo. El profesor, y crítico literario se reencuentra a sí mismo en la ficcionalización de su propia vida cuando hace, de forma abierta, lo que antes encubría en su acti-

---

[25] A propósito de *Le livre brisée* dice Doubrovsky: «Le phenomène que j'avais noté à propos de *Fils*, d'une auto-connaissance non leurrée, c'est à dire à hétéro-connaissance incorporée se produit à nouveau ici. La femme du narrateur, *Ilse*, reemplace l'analyste Akeret pour déléger le moi de ses certitudes spontanés, offrir une perspective différente, souvent contradictoire, des mêmes événements, dédoublant sans cesse la narration, la mettant sans trêve en abyme ou en conflit avec elle même, créant, dans le texte, une sorte de "surfiction", d'indécidable, dont le narrateur n'est pas maître» (1990: 216).

vidad académica[26]. O como han señalado varios críticos, cuando combina ambos oficios al usar textos y autores como *mediación* o espejo (el análisis de Racine en «Rêves» o de Sartre o Proust en su reflexión crítica). Y en el caso que ahora nos ocupa el rol de la mediación encarna en el trabajo de su analista Akeret, quien le revela parte de su inconsciente (como lo hará luego su esposa Ilse) o, de últimas, en el lector[27]. En esa búsqueda de un lenguaje cercano al inconsciente y mediante una escritura que, según Lejeune, busca prolongar la experiencia analítica (conducida en inglés con Akeret y transcrita en su lengua materna), Doubrovsky se muestra en general agradecido a su analista, aunque la relación no esté exenta de competitividad y juegos de poder[28] —algo que, como veremos, va cambiar drásticamente cuando Doubrovsky lea los textos que su analista le dedica[29]—. Pero vayamos por partes y veamos primero quién es Robert Akeret.

---

[26] Como ejemplo, este diálogo entre Doubrovsky, profesor, y Rachel, su alumna: «Et vous il est sur quoi votre livre? Il est sur moi. Elle a eu l'air surprise. Sa surprise m'a amusé. Je sais, *les professeurs sont toujours payés pour parler des autres. Mais comme à travers les autres, on ne parle jamais que de soi, il est temps de le faire à visage découvert. Du moins à mon âge.* Vous n'êtes pas si vieux! Non, sans doute, mais de nos jours on s'autobiographise de bonne heure. La quarantaine c'est déjà tard pour s'y mettre. Dès trente ans, on vit à l'envers, on est à la recherche du temp perdu... (Doubrovsky 1982: 20).

[27] Véase Chestier 2007, en especial «La nécessité d'une médiation».

[28] Philipe Lejeune señala que mientras muchos escritores solo pretenden contar la historia de sus respectivos análisis, Doubrovsky «veut la prolonger» (1986: 5).

[29] «Akeret publie un portrait de Doubrovsky assez cruel, ce qui permet à l'ex-analysand d'inverser les rôles et d'analyser le travail de son analyste. Alors que Doubrovsky se révélait via le texte racinien, l'analyste s'éxpose sans mediation. Croyant parler d'un autre, il ne parle que de lui, ce qui fournit à son lecteur le matériau d'une relecture de l'analyse en terms de rivalité mimétique» (Coste 2008: en línea).

El analista de Doubrovsky: Robert Akeret

Robert Akeret nace en Zurich en 1928 y en 1936, tras el divorcio de sus padres, emigra con su madre a los Estados Unidos. Allí se doctora en psicología en Columbia University, hace su carrera como psicoanalista en la William Alanson White Institute, donde entrena con Rollo May y Erich Fromm, y muere en New York en 2016. En un brevísimo artículo de 1976, escrito en párrafos de una o dos líneas, separados por subtítulos y que se lee más como borrador que como texto completo, Akeret evoca a Fromm y sus teorías. Subraya allí la presencia carismática de Fromm y su desbordante energía. Bajo el subtítulo de «Impacto» explica que, para Fromm, la sesión analítica no es un *encuentro social* sino una *actividad seria* (como una *incisión quirúrgica* o *la enseñanza de un maestro zen*) en la que el deseo de cambio es suscitado por intensos sentimientos de dolor y tensión, siendo el inconsciente su foco y el análisis de los sueños su instrumento fundamental. Para Fromm, según Akeret, un cambio profundo y genuino de personalidad solo es posible cuando el paciente *entra en contacto con su extrema desesperación y dolor*. Fromm aconsejaba también desarrollar un marco teórico flexible, inspirado en el modelo freudiano y con base científica, que considerara cada caso en particular, centrándose en el presente más que en el pasado. Señalaba también, agrega Akeret en su artículo, la importancia de distinguir entre una conducta reactiva, debida al trauma, o constitucional. Y sobre todo, Akeret subraya la necesidad, según Fromm, de descubrir el predominio de *biofilia* (amor por la vida) o *necrofilia* (amor por la muerte) en el paciente. A continuación Akeret menciona la carta de una madre a su hijo, presumiblemente de la madre de Doubrovsky (incluso si es imposible verificar esta presunción, conviene tenerla en cuenta porque subyace en casi todas las interpretaciones que Akeret hace de sus pacientes, y aun en su autoanálisis):

After reading to Fromm part of a letter a patient had received from his mother, he immediately asked how I had used the material. «There are few women as crazy, as sick, as brilliant, as weird, as cannibalistic, as destructive as this mother. She is like a Hitler with zeal; she has the power of persuasion to destroy; she is necrophilic», Fromm remarked. I then launched into my own analysis of the letter. «How did you *make use* of this letter?» he insisted. It then dawned on me that he saw far greater therapeutic potential for the letter than I had.

«Return this letter to the patient» Fromm instructed. «Have him read every page aloud in your sessions. He must experience his mother's destructiveness, get in touch with it to realize the effect on him. No wonder he is left with all his reactive symptoms. With such a mother, it is amazing that he has come out as well as he has. (1975: 2)

En 1972 Akeret publica, con Thomas Humber como editor, *Not by words alone*. El libro consta de seis partes: las dos primeras son autobiográficas, en la tercera refiere una serie de casos, en la cuarta se ocupa de su experiencia tratando pacientes con LSD, la quinta presenta su experiencia con grupos de análisis y otras prácticas no ortodoxas, y la última trata de su immersión en la comunidad mediante su práctica con adicciones. La segunda, «Scenes of my young years», resulta una buena fuente para conocer sobre su vida, su práctica profesional y su ideología. Sabemos del divorcio de sus padres cuando él tenía un año de edad y de la partida de su padre a Rumania como ejecutivo. Medio año después, Robie (Akeret) enferma de tuberculosis, lo internan en un hospital y lo separan de su madre, a quien no vuelve a ver hasta cinco meses después, pese a su promesa de visitarlo al día siguiente. Esa forzada separación, dictada por los médicos y seguida fielmente por su madre, conduce a la pérdida de confianza y fe en ella, que le llevará, dice, treinta años recuperar: «The abandonment was not an isolated event, but symbolic of later experiences when my mother deposited me with a house keeper while she gave lecture tours in Switzerland or when she left me with other families after we had moved to America». Y agrega: «I learned not to trust her, but I also developed an enormous compassion and empathy for those in similar abandoned positions» (Akeret 1972: 7).

Akeret menciona que antes de partir hacia América, el sentimiento de culpa de su madre por tener que separarlo de su padre la lleva a consultar a Carl Jung. Pareciera ser que Jung apoyó su plan pero la previno también sobre el peligro de una posible relación simbiótica con su hijo, aconsejándole mantener distancia: «Consequently he urged her to remain somewhat detached and distant for her sake as well as mine. In her style of unquestioning acceptance of authoritative advice, she followed his words too literally —again leaving me feeling neglected and unimportant for many years» (1972: 9). A Akeret al parecer le resulta aún difícil aceptar esa recurrente conducta materna, que caracteriza como distante y carente de afecto, y le es necesario culpar a otros —figuras de autoridad— para atenuar su impacto. Un recuerdo temprano de su estadía en New York tiene lugar en una pileta olímpica, en el lujoso edificio de apartamentos donde vivían; allí sufre su primera experiencia de discriminación cuando los vecinos, oyéndolo hablar en alemán con su madre, lo acusan de nazi: «some elderly people approached me "Why don't you go back to Germany you dirty little Nazi" one of them spit» (1972: 9). El episodio resulta curioso por lo simétricamente opuesto al de la persecución de Doubrovsky por los nazis (recurrentemente reescrito por él), donde un policía aconsejó a su padre que huyeran, ante la inminente detención. También curiosa es la omnipresente relación simbiótica madre/hijo, que en el caso de Doubrovsky tomó la forma de sobreprotección y en el de Akeret de distanciamiento. Otros recuerdos tienen que ver con mentiras a sus amigos que revelan la necesidad de contacto con su padre (un viaje ficcional a África, supuestamente a visitarlo); el deseo sexual hacia su madre; el impulso de, y la verguenza por, masturbarse; el encuentro con un ministro de tendencia homosexual, y su temor de ser él mismo homosexual; el recuerdo de su primer amigo y aliado; y el año de estudios en Zurich, seguido de un periplo por Europa. Pese a la invitación de su padre para que se fuera a vivir con él a Sudáfrica, para estudiar agronomía y trabajar en su finca, Akeret decide volverse a los Estados Unidos, estudiar psicología en Bowdoin College (donde enseña el psicológo australiano Norman Munn) y continuar su relación con Ann, nacida en Noruega y parte de una familia estable y disciplinada. Llama la atención el hecho de que Akeret no invite a su padre a la boda para evitar, dice, críticas a su decisión de casarse sin tener una base económica sólida, y también la mención de que su madre apenas pudo llegar a la boda a causa del tráfico. Se refiere luego a sus estudios graduados en Columbia University, a sus primeros trabajos y su primer análisis, cuando su matrimonio estaba en peligro.

Presentación del paciente por su analista (Akeret)

En cuanto al paciente de Akeret, Serge Julian Doubrovsky, este aparece en dos de sus textos. El primero, editado por Thomas Humber, es *Not by Words Alone* (1972). En el capítulo titulado «Victims of the Vines» se presenta a Doubrovsky debidamente encubierto bajo la denominación «the man with the leaking unconscious» (el hombre con un inconsciente que gotea). Lo nombra Julián (recordemos que en la primera parte de su vida Doubrovsky usa el nombre de Julien y luego se vuelve Serge) y pese a afirmar su descreímiento en etiquetas, lo presenta como «a chronically depressed, suicidal schizoid personality [...] a man with a "leaking" unconscious» (Akeret 1972: 78). Todo en este paciente le parece excesivo: su sexualidad, sus sentimientos, su vehemente y a menudo agitada forma de comunicarse. Y *lo empaqueta* con una precisa etiqueta de nacionalidad, *indiscutiblemente francés y de profesión traductor* (curiosa disminución de rango: de profesor, crítico y escritor famoso lo reduce a traductor) que, yendo de crisis en crisis y constantemente liado con mujeres destructivas, concibe el análisis como una cuestión de fuerza de voluntad y velocidad. «*Undeniable French, a literary translator*, he is *the most intense, passionate man* I have worked with in some time. He wants to be invencible, to be immortal and he thinks of himself as a contemporary Odysseus», y agrega: «*Life is a never-ending adventure for him*, and central in this adventure is the working through of relationships with *destructive women*» (1972: 78; énfasis mío).

Destaca sobre todo dos rasgos distintivos de su paciente: una preocupación constante por la muerte junto a su necesidad de expresarse a gritos. A modo de explicación pasa a referir su *background* con padre católico y madre judía durante la Segunda Guerra Mundial, escondiéndose de los nazis. Tras el fin de la Guerra y de vuelta a Francia con su madre, lo describe presa de «terrores nocturnos». Menciona la vergüenza qne experimenta ante una prima que lo sorprende desnudo en el baño y no deja de mirarlo, y se detiene en su estrecha relación con la madre en la infancia —«his mother was, in turn, seductive, loving, solicitous, overprotective —even sadistic» (1972: 80)— y los «death games» donde ella juega a estar muerta y el consiguiente «separation terror»:

> In threatening Julian with a premature, irreversible death separation, his mother has constructed an incredible foolproof, sadistic method of insuring his development of a clinging, destructive mother/son symbiosis. (1972: 80)

Menciona también un accidente automovilístico con su padre y hermano (Doubrovsky tenía una hermana, ningún hermano, y nunca se refirió a dicho accidente) y el deseo del padre de convertirlo en «un hombre», pese a lo cual entre los tres y los nueve años lo mandan a una escuela católica de niñas, renombrada por su excelencia académica (dato real en la vida de Doubrovsky). Akeret menciona también su obsesión adolescente con América (lengua, mapas, cultura) como «symbol of freedom and independence». En este extrañamente *falseado recuento* de la vida de su paciente, Akeret convierte al padre en un profesor universitario tiránico y con la extraña costumbre de dar clases a su hijo en el baño (desnudos y con examen frecuente de su pene), lo que contribuye a un sentimiento de terror por su «latente homosexualidad», confusión de identidad (masturbación y vestirse con ropas de su madre) y voyeurismo. Su casa, en palabras de Akeret, exhumaba muerte y lo impulsaba a huir. Explica que el paciente buscó su ayuda debido a un severo estado de crisis determinado por la posibilidad de ser reclutado por el ejército (lo que lo obligaría a separarse de su amante), y por una creciente impotencia sexual. Para ello le solicita todo tipo de drogas: para dormir, para sus problemas de estómago, para controlar su mente y su sexualidad. A pesar de ello, Akeret reconoce que se siente atraído hacia él por tener ambos —explica— aspectos en común, como haber nacido en Europa y compartir ciertos lazos culturales. Hay luego una referencia a la conducta del paciente dentro de un grupo (experiencia nunca mencionada por Doubrovsky en relación a su análisis con Akeret) y a un sueño que transcurre en Suiza y que volverá a aparecer en el segundo texto de Akeret sobre Doubrovsky. Es importante mencionar que en este mismo libro Akeret presenta el caso de otro paciente, al que llama Alexi y a quien también adjudica rasgos propios de Doubrovky. Se trata de un escritor y profesor, dividido entre su esposa y su amante (una estudiante suya), y cita allí palabras de Alexi que volverán a aparecer en el texto dedicado a Doubrovsky en *Tales from a traveling couch*: «There are no good novels written about one's wife», y su constante ambivalencia: «If I remain with my wife, I'm destined to have repeated affairs. If I marry my mistress, will I remain faithful? [...] I can't stand my ambivalence. How will I ever know what the right decision is?» (1972: 206-207). En este caso, a diferencia del ya mencionado texto dedicado a Doubrovsky (bajo el nombre de Sasha en *Tales from a traveling couch*), Akeret reconoce que su paciente ha venido a verlo debido a lo que llama «su sobreactuación» por la muerte de su madre: «He had screamed out for her, and had been overwhelmed with guilt. She had comitted the unforgivable crime. "She could have at least lived until I died" Alexi told me in our first session» (1972: 207). Akeret reconoce otra experiencia en común entre ambos al referirse a un momento en su matrimonio en el que le fue infiel a su esposa con una mujer joven y complaciente: «She was very much like I wished my mother to be, and I felt reborn. She treated me as if I were the center of her existence» (1972: 207). La diferencia entre ambos consiste en que el analista busca en las mujeres lo que su madre nunca le dió, en tanto que su paciente busca en las mujeres una réplica del incondicional amor materno. Sin embargo, la infidelidad como tema común le permite —dice Akeret— entender a su paciente y ver que es la relación simbiótica con su madre muerta lo que le impide crecer y dejar de amarse solo a sí mismo: «He lives in the past. He wants to resurrect his dead mother» (1972: 208). Cita la afirmación del paciente acerca de matarse frente a su amante y su autocalificación de «monstruo» (título inicial de la novela de Doubrovsky, *Fils*, y título final del extenso manuscrito entregado a Isabelle Grell). Los capítulos restantes del libro tienen que ver con el uso que hace Akeret del LSD en sesiones analíticas, y con menciones a sus grupos de análisis. En este último caso cita autores que ofician como modelos de su propia práctica professonal: Erich Fromm, John Rosen (autor de *The dark side of psychoanalysis and the refrigerator mothers*), Ferenczi, y el Esalen Institute en California (1972: 295).

En 1995 aparece *Tales from a traveling couch*, firmado por Akeret, esta vez sin editor pero con la colaboración de un novelista (a quien agradece en los reconocimientos al final del libro), donde presenta las historias de un selecto grupo de pacientes, 35 años después, con el propósito de ver qué ha sido de ellos y *si la terapia ha significado un cambio real en sus vidas*. Incluye a Doubrovsky en el capítulo quinto, titulado «Sasha the Beast»; Akeret, curiosamente, afirma que la terapia duró solo dos años y terminó 26 años atrás, en clara contradicción con los 8-10 años de terapia y los 35 años de hiato según su paciente. Si la referencia a Doubrovsky en *Not by words alone* (1972) aparecía lo bastante disfrazada y hasta dividida en dos pacientes distintos —Julian y Alexi—, esta segunda vez no disfraza en absoluto su identidad, aunque sí la distorsiona aún más, hasta convertirlo en un personaje grotesco. El capítulo se abre con un epígrafe de Bruno Bettelheim en *The Uses of Enchantment*: «Narcissism, the fairy tale ("Beauty and the Beast") teaches, despite its seeming attractiveness, is not a life of satisfactions, but no life at all» (Akeret 1995:181). Esa etiqueta de *narcisismo* ha de marcar, en todo el texto, la descripción de la personalidad de Doubrovsky, tenuemente oculto tras «Sasha» pero claramente expuesto al presentarlo como profesor, crítico y famoso escritor francés. El capítulo se abre en un café de Saint Germain y allí se pone de manifiesto una vez más la actitud prejuiciosa del analista devenido escritor y su falta de *insight* cultural, que suple con esterotipos y clichés. Pese a profesar que reconoce los determinantes culturales presentes en su propia noción de *normalidad*, al ver a Doubrovsky «ojear» las piernas de una mujer joven que pasa por la calle no puede dejar de emitir una afirmación moralística encubierta de causalismo cientificista: «Is this piggish behavior the result of overcompensantion for the inevitable fears of impotency that aging brings with it?» (1995: 181). Tras acotar que fue 26 años atrás cuando Doubrovsky lo vio por primera vez en su oficina, cita nuevamente las mismas palabras con las que cerraba el caso de Alexi (en *Not by words alone*) y que ahora le sirven para abrir el caso de Sasha, «There are no great novels written about one's wife» (1995: 182). El conflicto central de Sasha, de acuerdo a esta nueva narrativa de Akeret, es su *impotencia creativa*, acompañada del temor de que la terapia pueda, en su intento de *normalizar al creador*, destruir su creatividad. A continuación Akeret presenta lo que sería, según Doubrovsky en su ulterior respuesta a este texto («Analyse et autofiction»), el *verdadero conflicto* que lo llevó al análisis, esto es, la muerte de su madre, que lo deja en total desamparo y que refuerza, en la perspectiva del analista, su preconcepción acerca del narcisismo y total egoísmo de su paciente, una criatura manipuladora y peligrosa: «Mother could have waited until I was dead before she died herself!». El narcisismo, dictamina Akeret, «no longer seemed merely a possibility» (1995: 184). A continuación, «Sasha» se autocalifica de *monstruo* al tiempo que critica la actitud moralista y moralizante adoptada por Akeret, quien rápidamente la reconoce como *intencional estrategia de resistencia* ante el talento, el encanto y la teatralidad manipuladora de su paciente[30]. Le sigue el recuento de su propia historia por parte de «Sasha», coincidente

---

[30] «Sasha was right, of course: my response to him had been critical, had been contaminated by an element of morality. *But I had done this on purpose.* The picture I was receiving of Sasha Alexandrovich was of a man who dominated every person, every situation he encountered. My guess was that he had been raised with the uncritical adulation of his mother and that he had cultivated that response from everyone else since. It seemed to me that the only way I could possibly get his full attention would be by resisting the traditional therapeutic role of all-accepting parent. [...] But this tack was

con lo que Doubrovsky ha contado repetidamente en sus libros. Después de esta primera sesión, Akeret reflexiona sobre la relación entre terapia y creatividad, genio y enfermedad mental, y cura y destrucción creativa. Asimismo, plantea un *caso* interesante, el de Pablo Picasso:

> I am quite sure that any therapist seeing Pablo Picasso would have diagnosed him as suffering from narcissistic character disorder. Picasso, too, had had a mother who filled his young head with grandiose ideas about himself, he, too, had had a series of relatively short-lived, one-sided relationships. But knowing what we do now, what psychotherapist would dare recommend Pablo Picasso for treatment? Not me. (1995: 192)

Tras esta cautelosa y pragmática respuesta (de un suizo alemán nacionalizado ciudadano americano), Akeret pasa a considerar las acusaciones de Sasha acerca de su «agenda terapeútica»; por ejemplo, concebir la «manía» (siempre presente en la creación) como una patología. También se propone clarificar qué es lo que su paciente desea de su terapia.

En la segunda sesión, según la versión de Akeret, Sasha reaparece con gran energía y planteando ahora un nuevo dilema, esta vez entre su esposa americana y madre de sus dos hijas, y su amante sueca, con la que ha pasado un fin de semana en continuo éxtasis sexual. Prohibe, sin embargo, a su analista hacer referencia a su madre o, lo que es peor aún, a su edipismo: «Doctor, if there was ever a man who did not have an Oedipus complex, it is I!» (1995: 194). Akeret se abstiene de hacer comentario alguno, aunque no puede dejar de señalar que esos alardes sexuales esconden competitividad adolescente, profunda inseguridad y el clásico

---

going to be difficult for me because like undoubtedly everyone else, *I was utterly charmed by him*» (1995: 185; énfasis mío).

complejo de madona/puta: «Such sexual braggadocio in a man of forty suggested some fairly deep-seated sexual insecurity which was consistent with my diagnosis of narcissistic character disorder» (1995: 17). En el momento de partir vuelve a aparecer, según Akeret, el conflicto verdadero de Sasha, *su bloqueo creativo*. Esa, para él, es la verdadera causa de la terapia, cuya estrategia pasa a considerar tomando en cuenta la resistencia de su paciente, expresada con firmeza en un par de reglas prohibitivas: no hacer referencia alguna a su madre ni analizar sus sueños, su libre asociación o sus patrones repetitivos. Akeret concluye que la mejor estrategia, al menos por el momento, es dejarlo hacer y convertirse en testigo silencioso de su autodestrucción[31]. Y eso no se hace esperar: en la sesión siguiente, Sasha menciona la separación de su esposa, quien ha empezado terapia, un nuevo trabajo y hasta un *affair*, y el ultimátum de su amante instándolo a divorciarse, tener un hijo con ella y casarse. Hay que subrayar que ante cada uno de los diferentes episodios de la vida de su paciente, Akeret reitera su diagnóstico de narcisismo como explicación y origen de sus síntomas[32]. Aunque continúa registrando pautas de conducta repetitivas en su paciente, fiel a su estrategia inicial Akeret guarda silencio, esperando los que llama «dramatic climaxes»

---

[31] «I was going to let him self-destruct. I was going to sit back and watch as he courted his "élan vital", danger, and tempted his "muse" tragedy —his two necessities for the grand creative life. Maybe then the pain of living would become so intense that we could start psychotherapy» (1995: 202).

[32] «I had to summon every ounce of professional restraint not to smile at this one: Sasha Alexandrovich, the man who was terrified that psychotherapy would tame the monster in him, was now acusing therapy of *promoting* monsterhood. But this was only a problem in someone else, of course. *In the solipsistic universe of an inveterate narcissist, what's good for oneself is rarely good for anyone the narcissist has to deal with, especiallly not for someone he has to live with*» (1995: 204; énfasis mío).

que, por supuesto, no tardan en producirse (el acoso de la amante, la indiferencia de la esposa). Sasha, convertido ahora en un *niño derrotado*, narra una pesadilla de la noche anterior y solicita a su analista su interpretación. En su respuesta Akeret enfatiza la multiplicidad de significados posibles y establece un paralelo con la literatura: «In psychotherapy we're stuck with the same ambiguity that you're stuck with in literature. No fixed facts to lead the way. Just hunches» (1995: 208). Y lo reitera al confirmar la excepcional habilidad de Sasha como intérprete de sus propios sueños: «As I always suspected, Sasha had an exceptional gift for dream analysis. *It is, after all, in the same ball park as literary analysis*» (1995: 208; énfasis mío). Es en ese momento, después de seis meses, cuando Akeret considera que la terapia por fin ha comenzado. En la sesión siguiente Sasha le dice que ha estado escribiendo durante tres días sin interrupción —con la consiguiente gratificación de Akeret, quien concluye que la terapia no solo no ha matado su creatividad sino que ha conseguido romper su bloqueo escritural.

A continuación Akeret pasa revista a los siguientes dos años de terapia, centrada especialmente en la interpretación de sus sueños, en el análisis de su narcisismo y en la escritura de su novela *La Bestia*, donde, según palabras de Sasha citadas por Akeret, el analista es el personaje principal. Aunque tras su publicación la novela resulta un éxito total entre los lectores y la crítica, según Akeret Sasha vuelve de París en muy mal estado. Narra un extraño sueño donde un analista francés le dice que está perdiendo el tiempo con su analista americano, a quien califica de demasiado superficial, y lo insta a que busque el significado de su vida en sus textos. Sasha aparece luego en el sueño en el cementerio junto a su madre, ambos de negro y en duelo, y ella lo felicita por sus logros; él le responde que siente que no existe, que haber escrito tantos libros o haber hecho el amor a tantas mujeres carece de valor porque se siente muerto. Akeret piensa que es una reacción *post-partum*, pero luego descubre el verdadero significado, que Sasha, dice, ha sacrificado su vida al arte:

> His book about his life was more real to him than the life that has inspired it. In the end the ecstacy and torture of his love affairs were nothing more than letters on a page. He experienced everything in his life as a story; even the depth therapy we had worked through was part of that story, «material» for it. So, in the end there was no substance, no real life behind the words. In the end the author of his autobiographical novel did not exist. (1995: 212-213)

Akeret ve en esto el resultado de la oposición entre arte y vida, terapia y creatividad —o como lo llama él, «art versus sanity»— e interpreta el sueño de Sasha como revelador de una verdadera crisis existencial. Sobre esto versarán las sesiones de los meses siguientes hasta que, tras más de tres años de terapia, Sasha se ve obligado a terminarla por haber obtenido un prestigioso puesto en una universidad parisina. Cuando se separan, de acuerdo con la narrativa de Akeret, Sasha lo abraza, lo besa en ambas mejillas y le dice «On behalf of the books, I thank you» (1995: 214). Luego la narración vuelve al presente, el encuentro de ambos en París, centrándose en el deterioro físico y moral de Sasha, quien le reitera su agradecimiento porque «liberó al escritor reprimido dentro suyo» y lo ayudó a llevar a cabo el deseo de su madre. Ante la pregunta de Akeret de *cómo va el hombre*, Sasha enumera una retahila de dolencias, carencias y culpas, conservando empero intacto el *deseo de ser veraz*, lo que aprendió —dice— con Akeret: «If I learned nothing else from you, it is to dig down for the truth, no matter how monstrous it is. [...] The truth will either set you free or kill you. Or maybe it will do both at the same time» (1995: 216)[33]. Akeret añade que Sasha se ha convertido en una celebridad, lo reconocen por la calle, aparece en la televisión y en la prensa, ha recibido varios premios y sus novelas son leídas y traducidas a varios idiomas, siempre con su analista en su centro como la otra cara de sí mismo: «You have become part of me; I possess you in my imagination. Or perhaps it is I who am possessed by you. That is the question, uh? When two consciounesses commingle, who's in charge?» (1995: 217). Sasha también lamenta que Akeret no pueda leer en francés, aunque piensa que tal vez sea una bendición que no tenga acceso a las 250 páginas que dedica a su análisis en *La Bête* y al sueño que allí se presenta (se refiere a «Rêves») y al que dedicaron tanto tiempo. También menciona la crítica de los analistas franceses hacia el estilo «americano» de Akeret, «too interventionist», y hay incluso una larga tirada de Sasha acerca de Freud que parece copiada de los textos de Doubrovsky que hemos comentado —su lectura de Freud en alemán tras el suicidio de su esposa austríaca como tributo a su memoria, el valor estilístico de la escritura de Freud, su propia escritura permeada por la infuencia de Freud y el psicoanálisis, su interpretación psicoanalítica de Proust, la definición de la autoficción—. Con respecto al hombre, Sasha (siempre en palabras de Akeret) reconoce que continúa dividido, practicando vampirismo con las mujeres amadas que nutren su inspiración, pero cada vez más solitario. Tras un corto paseo, se sientan en un banco y Sasha le cuenta de «Maria» (Ilse en *Le livre brisée* de Doubrovsky), muerta cinco años atrás pero cuyo recuerdo todavía lo conmueve aunque sea ahora una historia, dice, «de conocimiento público». Rememora la pasión inicial entre ambos, su embarazo, el aborto y los dolores subsiguientes, su adicción a los calmantes y el alcohol,

---

[33] Volveré más adelante sobre esta noción de *verdad* y su presencia/ausencia en la narrativa del analista y del analizado.

el abandono de su profesión médica y los infructuosos intentos de quedar nuevamente embarazada. Aparece la mención a un nuevo libro que los tiene por coprotagonistas y coautores, ya que él se compromete a someter cada capítulo a la lectura de ella. En ese momento del diálogo, siempre según Akeret, Sasha se refiere al capítulo sobre el alcoholismo que le había enviado desde New York a París y cuya lectura pareciera haber desencadenado su muerte, por sobredosis o suicidio. Sasha dice sentirse culpable de esa muerte, que incorpora en la novela como suicidio porque hacía *better literary sense*. Y la reacción de Akeret: «*Better literary sense*? At that moment, all the revulsion that I had been holding back —forever *professionally* holding back— rose up inside me. I tried my best to hide it, but I am sure that Sasha could see it on my face. He said nothing about it, though» (1995: 222).

De este modo se cierra la tercera versión que el analista Akeret da de su paciente Doubrovsky, enmascarado tras las formulaciones de Julian/Sergi y de Sasha. Veamos a continuación la respuesta de Doubrovsky a los retratos presentados por su analista, y su propio criterio de verdad.

Respuesta del paciente/escritor al analista/autor

Antes de abordar la respuesta de Doubrovsky a la presentación que su analista hiciera de él como «Sasha the Beast», conviene revisitar los diferentes hitos del diálogo Doubrovsky/Akeret a lo largo de más de treinta años. Recopilemos: en 1972 aparece *Not by words alone*, donde el analista americano presenta a su paciente francés, Doubrovsky, fragmentado en dos casos diferentes y complementarios, Julian y Alexi. En 1975 es el analista Akeret quien, con su propio nombre y apellido, se convierte en personaje de Doubrovsky (su paciente) en «Rêves», capítulo de su novela *Fils*, primera figuración —y marca teórica— de la autoficción. En 1995

Akeret reescribe, actualizado (ya que lo visita en París con ese fin), el *caso* Doubrovsky, ligeramente enmascarado bajo el nombre de «Sasha the Beast». Inmediatamente después Doubrovsky responde en una ponencia, «Analyse et Autofiction», presentada en el congreso «Ecriture de soi et psychoanalyse» (1995), organizado por el analista Jean-François Chiantaretto, y que Doubrovsky posteriormente incluirá en su libro *Laissé pour conte* (1999)[34].

Al comienzo de su ponencia Doubrovsky aclara que no se trata de reiterar una vez más la teorización sobre lo que denominó autoficción o de presentarse a sí mismo como personaje de sus propios libros, sino que esta vez ha de referirse a sí mismo como *personaje del reciente libro del que fuera su analista en los Estados Unidos*: «Il se agit donc de l'*analyse et autofiction de mon analyste*, Robert Akeret» (1999: 365; énfasis mío). Señala que, en contraste con la ausencia de escritura de *casos* por parte de analistas franceses, a Akeret, por ser americano, no le importa *exponerse, exponiendo* su caso, y tal será el tema de su *exposición*[35]. Menciona también que el texto de referencia, *Tales from a traveling couch,* está escrito en inglés («ou plutôt en américain, dans un langue très idiomatique»), lo que lo obliga a citar el original, «afin de garder la manière et le ton» (1999: 365-366), junto a su propia traducción, no siempre fácil,

---

[34] Volveré sobre Chiantaretto y sus estudios sobre *escrituras de sí y psicoanálisis* en la última parte, cuando aborde la cuestión de la verdad en la autoficción de Doubrovsky y en la presentación del caso Doubrovsky por parte de Akeret.

[35] Juego de palabras marcadamente burlesco, en el original francés, que busco conservar en mi traducción: «Mais Akeret est américain, il prend le risque de *s'exposer en exposant* mon cas. Tel sera le sujet de *cet exposé*» (Doubrovsky 1999: 365). Al igual que en otros casos las traducciones al castellano son mías. Doubrovsky, con excepción de «Autobiography/Truth/Psychoanalysis», no ha sido traducido al castellano. Lo mismo sucede con la obra de Akeret.

para aquellos que no manejen la lengua. Nuevamente una ironía sutil que apunta al tipo de lengua de su analista, coloquial e idiosincrática en un texto que —como veremos— se quiere *literario*.

Antes de abordar el texto que le dedica Akeret, Doubrovsky narra una breve historia que comienza con una carta suya recibida en París en enero de 1994, y donde tras «Greetings Serge —And surprise[36]», Akeret le comunica que ha conseguido su nueva dirección a través de New York University y que le gustaría verlo en París en abril, especie de seguimiento con motivo de un contrato con W.W. Norton para un libro con fecha de edición en junio de ese mismo año. Aquí Doubrovsky hace un nuevo alto para comentar lo ambicioso del proyecto y el prestigio de la editorial —especie de Gallimard o PUF del psicoanálisis en los Estados Unidos, «ils ont publié une grande partie des oeuvres de Freud, aussi Erich Fromm, Erik Erikson, bref, le gratin» (1999: 366). Volviendo a la carta, refiere que Akeret, de estar él de acuerdo en participar en su libro como uno de los cinco casos a presentar, le solicita dos sesiones de hora y media cada una. Akeret termina la carta diciendo que no sabe nada acerca de su vida, pero todavía resiente la forma en que lo presentara en *Fils* —«I still feel frustrated about the book you wrote in French [...], avec ma dédicace: "Ce livre qu'il ne peut pas lire-et qui portant est étrangement le sien, *le nôtre*"» (1999: 366-367; énfasis del original)— y continúa: «Well, Serge, si tu participes, *it will be very much ours*». Doubrovsky aclara que insiste en esta «entrada en materia» porque la considera capital para lo que sigue, ya que, aparte de investigación científica, Akeret la ve como una *especie de intercambio ritual*. Doubrovsky rememora que, después de dos años de sesiones, Akeret le había solicitado permiso para grabar una de ellas y usarla en un libro

---

[36] Comenta Doubrovsky: «surprise, en effet: je n'avais plus entendu parler de lui depus le printemps 78» (1999: 366).

que estaba escribiendo. Doubrovsky consiente porque, le dice, él también está escribiendo un libro sobre su analista. Enumera a continuación los ya mencionados hitos de dicho intercambio cuya *reciprocidad aparente* esconde, afirma, una *profunda asimetría*. Se explica: en la sesión analítica los roles no son intercambiables porque se supone que es el analista el que sabe. Fuera de la sesión, la situación es otra: Doubrovsky puede leer los textos de su analista y no a la inversa, lo que provoca la frustración de este. Esto explicaría una segunda carta de Akeret tras su aceptación de colaborar con el proyecto, así como la extraña transformación del analista en Serge, su paciente. Doubrovsky traduce al francés partes de esa segunda carta:

> Quand ta lettre est arrivée hier, j'ai fait quelque chose qui est tout à fait étranger à ma manière d'être, je l'ai laissée à plat sur mon bureau toute la journée, j'ai regardé de temps en temps l'enveloppe on me demandant ce qu'il avait dedans, mais, pour une raison ou pour une autre, je ne me suis pas précipité pour l'ouvrir, et alors, une sourire complice m'est venu au visage, *j'étais dévenu Serge*! Comme je me rapelle combien tu avais développé l'art du rétardement... La lecture finale en a beaucoup plus d'effect. Mais toi, bien sûr, tu as eu un professeur magnifique, ta mère, elle savait trop bien comment rendre chaque moment magique. (1999: 367)

Akeret se refiere aquí a cierta práctica de su paciente relacionada con sus movimientos intestinales en la infancia, controlados por su madre. A continuación, Doubrovsky subraya otro párrafo de esa segunda carta, la expresión de deseo de Akeret de que su libro sea a la vez «apasionante aventura psicoanalítica y excelente lectura literaria», como, añade, *The fifty-minute hour* de Robert Lindner[37]. Analiza también la autoconfesada identificación de su

---

[37] Robert Lindner (1914-1956) escribió varios *best-sellers* y pudo muy bien

analista con él, inversamente simétrica a Serge tomando el papel del analista en *Fils*, destacando que el Akeret que se torna Serge no solo hace suyo el hábito de «retardement» («postponement») sino que se apropia también de una madre dotada de *poder mágico* y del hecho de *poder ser un autor reconocido*. Doubrovsky apunta su sospecha de que la colaboración que busca Akeret será más bien, desde el inicio, una *competición despiadada*[38]. Y la tercera carta, del 30 de abril de 1995, que acompaña las pruebas de imprenta del libro, así lo confirma. «I have used some auto-fiction with your mistress», escribe Akeret, lo que lleva a Doubrovsky a preguntarse quién es ahora el mentor y quién el estudiante, quién el que guía y quién el que es guiado.

Con el texto ante sí, Doubrovsky verifica que él es uno de los cinco casos anunciados en el subtítulo de *Tales from a traveling couch: A psichotherapist revisits his most memorable patients*. Le intriga sin embargo el *diván* del título y de la ilustración de cubierta, ya que Akeret nunca tuvo diván en su oficina; de hecho, afirmaba que necesitaba ver los ojos de sus pacientes en sesión. El *diván con alas* de la ilustración lleva a Doubrovsky a asociarlo con «un Freud disfrazado de Kerouac, con su guitarra yendo de un lado a otro en América» revisitando pacientes memorables. Doubrovsky menciona dos de esos casos (de los que él será, en palabras de Akeret, el *clímax* del libro): el hombre que quería hacer el amor con una osa y el de una judía de Brooklyn que vivía en Florida y se reinventa en Europa como bailadora de flamenco. Y pasa a generalizar: todos ellos son *típicamente americanos*, desparramados por los cuatro costados del país excepto él, que obliga al analista a tomar un avión para entrevistarlo.

---

haber sido, para Akeret, uno de sus modelos de analista-escritor.

[38] «Ma "collaboration" qu'il souhaite et qu'il fête est d'emblée un impitoyable concurrence» (1999: 368).

Cuando Doubrovsky llega a a su propio caso, sufre un *shock* múltiple: ante el nombre que se le adjudica, «Sasha The Beast» (*nombre ruso/naturaleza bestial*, dictamina); al leer el epígrafe de Bettelheim sobre narcisismo; respecto de la duración de las dos entrevistas —inicialmente previstas de hora y media cada una y transformadas en tres o cuatro horas por encuentro—, y de su locación —no en un café de Saint-Germain, mirando las piernas de una joven que pasa, sino en su casa—. Reflexiona Doubrovsky: «Le récit de mon cas commence donc par une scène ou mise en scène *inventée de toutes pieces. Pour quoi?*» (1999: 371; énfasis mío). Porque, se contesta él mismo, la motivación es dar al texto color local, en un intento de seducir al lector. Al respecto, Doubrovsky emite un juicio lapidario: Akeret, totalmente ignorante de la mentalidad y la lengua francesas, solo es capaz de usar los clichés de *un ingenuo pero condescendiente turista americano de actitud moralizante* para juzgar la conducta de su ex-paciente y la de sus compatriotas. Apunta, sin embargo, que esa ficción no es ni inocente ni gratuita: «La fiction qui ouvre le récit n'est pas innocent ou gratuite: elle place d'emblée la question des attitudes sexuelles au centre et installe chez l'analyste un solide Surmoi» (1999: 372). Doubrovsky hace aquí un alto para analizar lo que llama «los problemas narrativos que conlleva la escritura de un caso por parte del analista». En primer término, la requerida discreción y protección de la identidad del paciente (y cita extensamente las palabras de Freud en el caso Dora). En segundo lugar, la *literariedad* de Freud (cuyos casos se leen como cuentos) y, por último, la cuestión de la *verdad* y *veracidad* en la presentación del paciente. En cuanto a Akeret, Doubrovsky sostiene que allí donde Freud se descubre novelista a su pesar, Akeret se quiere literario a toda costa: «Ayant raté son entrée avec son premier livre, il veut que le second soit "de bonne littérature"» (1999: 374); empezando por el título, donde denomina *tales* (cuentos) a los casos allí presentados. A diferencia de Freud, que ficcionalizaba detalles para preservar la identidad del paciente conservando la autenticidad del referente, Akeret desde el comienzo construye una escena totalmente ficticia sin relación alguna con el referente real, al falsear la causa que llevara a su paciente a verlo (no la impotencia creadora, sino el dolor por la muerte de su madre):

> J'ai été plus que surprise, choqué para cette exclamation qu'il me prête: j'arrive chez lui, les yeux rougis, l'air affolé, ce qui m'a amené en analyse, c'est la mort de ma mère, j'étais absolutement anéanti et c'était un besoin absolu. Mais le mot qu'il m'attribue me frappe, «no great novel written», Akeret place d'emblée *l'écriture* entre nous (d'ailleurs, je suis pour lui sorti d'un *text book*). En mars 1968, l'écriture d'un grand roman, sur ma femme ou non, était la *dernière* pensée que j'aurais pu avoir, car elle ne correspondait à aucune des émotions ou preóccupations qui étaient miennes à cette époque. (1999: 375)

Juicio semejante le suscita la larga tirada que Akeret a continuación le atribuye acerca de la pertinencia o no del análisis, la noción de normalización y la consecuente amenaza a su creatividad. No se trata, dice, de ficcionalización discreta o de ficción, sino «de una fantasía imposible». Y agrega que aunque habla inglés correctamente ese estilo idiomático y ampuloso que Akeret le adjudica no es ni podría ser el suyo. Además, Akeret en su retrato le hace usar constantemente la palabra «doctor» para dirigirse a él, cuando un PhD en psicología no admite la forma de doctor a menos de ser un MD. Y dictamina: «Akeret souffre d'un certain complexe, parce que aux Etats-Unis, les analystes qui sont aussi médecins ne pardonnet pas aux autres de ne pas l'être» (1999: 376). En síntesis: la forma de elocución, el estilo y las preocupaciones, hasta la forma de presentarse físicamente que atribuye a su paciente, todo es invento del analista. También es falsa la forma de vestirse que le atribuye e incluso su renombre como escritor famoso; en el momento de esa primera entrevista, su reputación era como crítico y profesor, no como novelista. Y sintetiza: «Un dispositive curieux se met en place, qui augmente mes défauts physiques et moraux, dans la mesure même où il exagère mes qualités littéraires» (1999: 377). Reconoce como propias sus palabras en la transcripción de Akeret respecto de su estado tras la muerte de su madre, pero rechaza como ajena la expresión «I cannot write a word», que tiene que ver, dice, con una obsesión propia de Akeret, no suya. El propósito de esa mezcla entre lo verdadero y lo falso, considera, es mostrarlo como un personaje *antipático*; en términos clínicos, la escritura del caso aparece enteramente orientada por una *contratransferencia masiva y todopoderosa* (mi énfasis). Se ve aquí que, así como el analista se apropiaba del *modo literario* para presentar su caso, Doubrovsky se apropia de la *jerga analítica* (con gran maestría, cabe acotar) para analizar a su analista. Concluye que se trata de una guerra entre analista y analizado en el terreno moral e intelectual, a la vez que detecta un constante juego de poder con roles bien definidos, donde Akeret se muestra como un *Super Yo* ético y profesional en contraposición a un Doubrovsky malhumorado, maníaco y depresivo. Pero lo que Doubrovsky considera más grave es que se le impute desprecio por el enfoque freudiano, la interpretación de los sueños, el complejo de Edipo y la libre asociación, «des imputations risibles» (1999: 379). Con respecto a su primer sueño, sobre el que el analista afirmaba que, después de seis meses, allí realmente empezaba su análisis, Doubrovsky lo data en 1971, de modo que si la primera cita fue en marzo del 68, les habría llevado tres años empezarlo y no seis meses, lo que sería otra información errónea (1999: 379-380). Todos estos, afirma Doubrovsky, son datos falseados que contradicen la verdad de los hechos[39]. Doubrovsky comprueba también que, a diferencia de los otros casos del libro, que aparecen como personas amables, a él se lo presenta como a un ser monstruoso, de una arrogancia insoportable, totalmente odioso bajo todo aspecto (su salud, su alimentación, sus excesivas demandas, su relación con la Guerra, sus estudios y méritos, sus amores). Afirma que el propósito es desacreditarlo, y considera que, aunque todo ello es inadmisible e inexcusable, hay una razón subyacente que ha de irse mostrando poco a poco. Y esa razón es la *literatura*, que le sirve al analista para continuar no la historia del paciente sino la suya propia, mediante la fabricación de datos totalmente falsos y de una cronología interesada. Y reitera Doubrovsky, con un estilo coloquial americano que no le pertenece: «cette vision de l'amour à la française ne peut venir que *d'un Américain littérairement autant que grammaticalement illettré*» (1999: 182; énfasis mío). Se rebela también contra la envidia que Akeret le imputa —celos amorosos sí, envidia jamás— y sostiene que en la presentación de su caso *el proceso de distorsión obedece a un principio de retorsión*. Y acude nuevamente a Freud, para quien el proceso narrativo de un caso, si bien comportaba una parte necesaria de ficcionalización, respetaba la fidelidad a los hechos, en tanto que Akeret va de ficción a ficticio, de ficticio a falsificación, de falsificación a engaño, de engaño a mentira deliberadameante hostil. Para explicarlo, Doubrovsky retoma palabras de Akeret en su segunda visita a su casa, cuando le dice que su libro es en el fondo «a clinical autobiography», o sea, *su autobiografía*

---

[39] Un ejemplo adicional, el sueño de Vietnam que él nunca tuvo: «C'est lui qu' a l'a fait à ma place» (1999: 380). En la entrevista con Alex Hughes, en enero de 1999, Doubrovsky se refiere a los sueños que aparecen en *Fils*: «son *sueños reales* que yo he consignado en mis cuadernos como mi analista me había pedido que hiciera». Sostiene lo mismo respecto a las fechas, «escrupulosamente documentadas» (traducción y énfasis míos). Véase Hughes 2001.

como clínico, pero lo que revela en realidad, según Doubrovsky, es a Akeret mismo como *caso clínico*: «Le discours de l'analyste peut toujours être à son tour analysé'» (1999: 384). Doubrovsky sigue puntualizando errores o mentiras: los libros que le imputa, los sueños que le adjudica son «pura invención». Todo ello, concluye Doubrovsky, es el resultado de un *deseo de revancha* basado en una *rivalidad en torno a la escritura* que se inscribe, a su vez, en el contexto más amplio de la relación ambivalente entre literatura y psicoanálisis, ya presente desde Freud. En adición, en lo que considera una *observación sintomática* de Akeret de que ambos nacieran el mismo año (1928: uno en París, el otro en Zurich), Doubrovsky ve *un caso de gemelos en reproducción especular invertida*, caso a su juicio extremadamente complejo y a la vez terriblemente simple:

> Ainsi, l'envie symptomatique, selon Akeret, des désordres narcissistiques caractériels, et qui est «sûrement» la mienne, lorsqu'il laisse astucieusement tomber l'allusion a Tolstoi, est naturallement *la sienne*, à mon endroit, mais aussi à l'égard d'autres analystes, comme Lindner, qui savent écrire. (1999: 386; énfasis en el original)[40]

---

[40] En la contextualización de la escritura/lectura del caso Sasha, Doubrovsky comienza, como vimos, con las cartas enviadas por Akeret, donde este solicitaba entrevistarlo para su libro, del que esperaba no solo una apasionante aventura analítica sino también excelencia literaria —«I also want it to be a fine literary read» (1999: 368)—, con éxito semejante al alcanzado por *The fifty-minute hour* de Robert Lindner. Este es un dato iluminador en la medida en que Lindner pudo haber sido un modelo para la empresa literaria de Akeret. Lindner (1914-1956) fue un analista americano famoso por su libro *Rebel without a cause. The hypnoanalysis of a criminal psychopath* (1944), cuyo título adoptó Nicholas Ray para su film de 1955. También por la publicación en 1954 de «The Jet-Propelled Couch», un artículo aparecido en dos entregas en *Harper's* sobre un científico empleado gubernamental en

De allí deduce que los problemas que abren y cierran la primera sesión, y todo el capítulo dedicado a Sasha y su *bloqueo escritural*, pertenecen al analista y no al paciente. Akeret es el bloqueado y quien está preocupado por ello, como le hace notar Serge durante la larga, y al parecer airada, conversación telefónica tras la lectura del texto que lo retrataba. Es entonces cuando Akeret le pregunta si ha visto los agradecimientos al final del libro, donde agradece a su colega y amigo, el novelista Daniel Martin Klein, por haber transformado sus notas en un texto novelesco[41]. Una vez más vemos que Akeret es incapaz de ser el autor de su propia obra (en *Not by words alone* necesita de un editor, en *Tales from a travelling couch* de un novelista)[42].

A continuación Doubrovsky aborda el «caso Akeret» desde la lente del *canibalismo*, según la cual el analista se apropia de las vivencias y de la forma (autoficción) de su paciente y lo devora simbólicamente en el texto que le dedica. Lo motivan la frustración de no poder leer *Fils* en francés pero, sobre todo, la frustración de no poder escribirlo, ya que ese *texto de ambos*, como aparece en la dedicatoria de *Fils*, lleva la firma de uno solo. Impotencia y envidia que se transforman en odio y cuya culminación

---

tratamiento con él («Kirk Allen», cuya identidad fue muy debatida sobre todo por la semejanza con el libro, y luego film, *A beautiful mind*) y que reaparece en *The fifty-minute hour* (1955), donde Lindner describe varios pacientes de su práctica analítica. Norman Mailer, Philip Wylie y Theodore Reik (analista de Lindner) forman parte de la Fundación Robert Lindner, creada tras su muerte. Como se ve, un modelo interesante.

[41] Daniel Martin Klein (Delaware, 1939) es otro escritor americano que ha popularizado temas de filosofía en conexión con bromas, comedia y humor. Entre sus obras figuran *Understanding philosophy through jokes*, *Plato and a platypus walk into a bar* y *Travels with Epicurus*.

[42] «"I cannot write a word": le pseudo-Sacha lui tend le miroir où il s'aperçoit. *Akeret est un impuissant de la plume, il a toujours besoin d'un autre pour écrire à sa place*» (1999: 386).

sería la *fabricación* de la conversacón entre ambos acerca de *Le livre brisée* y el suicidio/muerte de Ilse, la mujer de Doubrovsky —a quien Akeret retrata diciéndole que había optado por el suicidio en la novela porque resultaba literariamente conveniente. *Monstruosidad*, juzga Doubrovsky, que no solo le permite expresar su odio y desdén por ese «doble maléfico», sino que le sirve también para mantener intacta su buena conciencia y su autoestima en esa rivalidad gemela y en la lucha por la dominación que los une y que constituye la *esencia* de su relación, que tiene a la escritura como el campo de batalla primordial.

Se trata así *de hacer un libro con el otro* (como postulaba Doubrovsky) pero que, en la escritura de Akeret, gira en torno a una configuración conflictual recurrente: la afectividad infantil y sexual junto a las relaciones con su madre. Hay que recordar la enfermedad de Akeret a los tres años y el abandono materno en oposición al amor desbordante de la madre de Serge, amor que es no solo obsesivo sino una especie de sortilegio (como reconoce su analista al calificarlo de mágico). «Mi drama, reconoce Doubrovsky, es que tuve *demasiada madre* y la he seguido buscando en todas las mujeres de mi vida; en el caso de Akeret, por el contrario, es la *carencia total*». A partir de allí, Doubrovsky puede imaginar la tortura de su analista en las sesiones en las que «je déversais mon trop-plein de mère dans son non-mère» (1999: 390), y cuya venganza, sigue interpretando Doubrovsky, consiste en describir en la segunda sesión a un Serge prontamente olvidado de la muerte reciente de su madre e inmerso del todo en la relación con su amante, a la que adjudica además rasgos que serían la expresión de sus propios deseos, proyectando de ese modo sus propios fantasmas eróticos en los de su paciente. Toda esta falsedad y falseamiento, concluye Doubrovsky, es el resultado de la envidia —de la madre, de sus amantes, de su escritura.

A continuación Doubrovsky ensaya otro enfoque, esta vez centrado en la relación entre teoría y caso. Entiende que la escritura de un caso tiene por objetivo revelar y fundar una verdad teórica. Se pregunta entonces qué verdad buscaba Akeret al revisitar su caso. Para contestarlo hace referencia a las cuatro páginas que Akeret dedica a este tema, tras la primera sesión con Sasha. Allí, tras citar entre otros a Beethoven, Schumann, Van Gogh y Tolstoi, Akeret pasa a reflexionar sobre el valor de lo ordinario *versus* lo extraordinario, lo normal *versus* lo genial y sobre el arte en oposición al equilibrio: la creatividad la entiende como sufrimiento y exceso, en oposición a una vida normal o feliz. Este interés teórico, afirma Doubrovsky, esconde un interés personal: «L'intérêt théorique dissimule (comme toujours) un intérêt personnel: la vie «heureuse et satisfaisante», mais artistiquement improductive se trouve contestée par la vie malheureuse et déréglée, mais eventuellment créatrice, qui est la mienne» (1999: 393). Dentro de sus fantasías de éxito —sueños made in USA— Akeret proyecta traducciones, entrevistas, popularidad, conferencias, viajes. Pero esto tiene un precio y, según Doubrovsky, lo que Akeret da a Sasha con una mano, se lo saca con la otra: «Akeret ne me porte au pinnacle que pour me ravaler plus bas que terre» (1999: 394). En la última entrevista Akeret presenta un Sasha físicamente repugnante, de cara avejentada y con un audífono protuberante[43], que camina a duras penas y tiene dificultades para sentarse a la mesa que comparten en Saint-Germain, aunque Doubrovky sostiene que mantiene la práctica de una caminata de dos horas diarias. Dice Doubrovsky: «Le souci de me dénigrer par ses mensonges est à la fois évident et problématique» (1999: 394). Aparte de la total denigración moral, la física la explica

---

[43] Doubrovsky dice a su audiencia: «Je vous prends ici même à témoin: ma prothèse intracanal est invisible, elle m'a coûté assez cher pour cela! (1999: 394).

Doubrovsky como un deseo de resaltar, por contraste y basado en que ambos tienen la misma edad, la decadencia en uno y la plenitud en el otro. Y Doubrovsky, *leyendo las fotos que acompañan las cubiertas de sus dos libros*, irónicamente lo confirma: en la foto de Akeret de 1972, simpático y joven; en la de 1994, «el analista en personaje de Hemingway, con aire de conquistador y pleno de juventud». Y el sarcástico comentario cultural:

> Un de ces grands costauds américains qui aiment le grand air, pas un de ces Français qui se bécotent et s'exhibent dans la rue ou qui, comme moi, on l'air sénile et débile. Dans notre longue «lutte pour la domination» qui nous opose l'un à l'autre, physiquement au moins, il me bat à plate couture. (1999: 394)

Tras la denigración moral y física, formas de revancha del analista contra su paciente de antaño, viene el golpe de gracia. Doubrovsky, autor de tantos libros que lo han vuelto famoso, traducido, galardonado, entrevistado, celebrado, descubre, *a partir de un sueño que Akeret se inventa*, que no existe. De ese modo, Akeret construye la respuesta a la pregunta teórica inicial que contraponía arte *versus* salud mental, cuando descubre que el éxito profesional de Sasha tiene como precio su inexistencia como hombre, o sea, el sacrificio de su vida al arte. La respuesta de Doubrovsky es que su obra no ha aniquilado su vida sino que, por el contrario, la ha multiplicado y enriquecido gracias a todas las lecturas posibles a que ha dado lugar. «Je n'ai jamais sacrifié ma vie à mon art. Si elle a été sacrifiée, c'est à ma nevrose —et là j'accorde à Akeret tous les désordres narcissiques caractériels qu'il veut, et plus encore! Une névrose que'il n'a pu ni su guérir» (1999: 396). Su vida mediocre, como ha dicho en *Un amour de soi*, una vez escrita se vuelve interesante («Ma vie ratée sera une réusitte littéraire»). De ese modo los fracasos y su infelicidad se vuelven gozo mediante la escritura, en un intercambio estético de transmutación. Si el doble objetivo terapeútico del analista es, según Akeret, permitir al paciente vivir plenamente y sentirse bien —o en terminología de Fromm, el triunfo de la biofilia sobre la necrofilia— quién, se pregunta Doubrovsky, define al final esas nociones de mejoría y plenitud, ¿el paciente o el analista?

Doubrovsky corrige además los números: no dos años de análisis sino diez años con intervalos (del 68 al 78), en los que tuvo lugar una batalla como la de Eteocles y Polinices, hermanos enemigos construidos de forma especular y en lucha por el poder. Lo que ocurrió fue que, mediante la escritura de su análisis en pleno curso, el paciente devino analista y terminó destronándolo. Y si bien el analista intenta tomar revancha de su «enemigo» con sus textos de 1972 y 1995, Doubrovsky saldrá victorioso con obras de valor estético reconocido por lectores y críticos, mientras que su oponente es solo capaz de referir un caso que es una caricatura grotesca, producto de la envidia y el odio. Y también de la depresión, según el propio Akeret le confesara a Serge en su encuentro en París, contra la que luchaba a fuerza de Prozac o Zoloft —«Les deux mamelles psychiatriques de l'Amérique!» (1999: 399).

La sobreabundancia de expresiones de afecto por parte de Akeret en la correspondencia que precede y sigue al encuentro de París Doubrovsky la entiende no solo como muestra de inconsciencia, cinismo y mala fe, sino sobre todo como el anverso del odio. No puede haber envidia sin una secreta admiración y simpatía (en el sentido etimológico de sentir con el otro). Dice al respecto: «Narcisse au miroir, trouvant à la place de son reflet, l'image de l'Autre idéal, le déteste, bien sûr, mais il s'y identifie» (1999: 399). Doubrovsky reconoce, y se lo ha dicho a Akeret, que «mon experience de l'analyse avec lui a été *une des grandes passions de ma vie*» (1999: 400; énfasis mío). Pero, observa Doubrovsky, la pasión o el amor transferencial terminan uno de cada dos en divorcio, tal como acontece aquí; la deuda con su analista, aclara, no se debe a haberle dado el *impulso de escribir*, sino a haberle dado la *materia* y la *manera*, que él convirtió en autoficción. De allí que sus palabras de despedida, después de dos horas de acalorada discusión telefónica tras la lectura del caso «Sasha the Beast», fueran «I still love you, as an analyst, but, as a writer, you are despicable» (1999: 400-401).

En enero de 1999 Alex Hughes entrevistó a Doubrovsky a propósito de la aparición, por esas mismas fechas, de *Laissé pour conte*, donde se incluye la ponencia «Analyse et autofiction», presentada en 1995. En la entrevista Doubrovsky aclara que lo que lo llevó a escribir ese texto y a incluirlo en el libro fue no solo demostrar las falsedades de Akeret, sino también poner en cuestión la escritura de casos por parte del analista y su posición como aquel que detenta el poder. En adición, reconoce la presencia de su analista en parte de su obra —en especial en *Fils* y en *Un amour de soi*— y su paulatina desaparición; en *Laissé pour conte* reaparece como ajuste de cuentas o acción simbólica, que Doubrovsky interpreta no como la muerte del padre sino como la del hermano, y que constituye la despedida de la escritura de sí y su ruptura con el psicoanálisis.

Dialogismo y polilogismo: Jean François Chiantaretto

Como complemento de esta doble presentación de la experiencia analítica —desde la perspectiva del analista que quiere ser escritor y del paciente que de hecho lo es—, me detengo ahora en la escritura de Jean François Chiantaretto, que fue quien acogió la ponencia de Doubrovsky en el coloquio de 1995 y que bien podría oficiar como testigo imparcial ante la polémica analista/analizado. ¿Por qué Chiantaretto? Porque proviene de la filosofía, es un psicólogo y analista francés, se interesa en especial por la autobiografía y el testimonio (para cuyo estudio retoma la obra de Philipe Lejeune a la luz de la función de la escritura en Freud), y conoce muy bien la obra de Doubrovsky.

En una entrevista de 2013 con Claudine Blanchard-Laville y Arnaud Dubois, Chiantaretto destaca que en la relación entre experiencia clínica y escritura un punto de interés lo constituye la escritura de los pacientes: generalmente entendida como *resistencia*, a su juicio podría ser *una manera de elaborar las resistencias* tanto de parte del paciente como del analista: «En fait, cette écriture parallèle était dans la plupart des cas une manière de rendre analyzable ce qui ne l'était pas» (2013: 142). Otro punto que le interesa es la relación yo/otro, o sea, «la question du psychisme de l'autre comme condition pour pouvoir se sentir exister» (2013: 143). Un tercer punto, por último, estaría vinculado a su interés sobre el origen corporal de las palabras y la idea de *testigo interior* o *lector interior* (témoin interne/lecteur interieur), lo que lo lleva a comprobar el parentesco de ciertas formas de escritura de sí (diario íntimo, escritura poética) con «la escucha del analista» en cuanto a la preocupación por «la materialidad de las palabras»: «C'est sont des modalités proches [...] Il s'agit —toujours en m'inspirant de Winniccot—, de "se voir en train de" (penser, parler, exister)» (2013: 145). Este «verse en el trance de pensar/ hablar/ existir» es fundamental, y se conecta con otra noción importante, lo que Chiantaretto llama *escritura potencial*: «C'est-à-dire de cette sorte d'anticipation d'une écriture, entre l'anticipation en seánce et l'écriture» (2013: 145). Reconoce que si bien durante mucho tiempo distinguió el diario íntimo de la escritura autobiográfica, ambos presentan una *posición psíquica* semejante, que define como lucha constante entre narcisimo y relación con el otro:

> L'écriture de soi se définit par une sorte de lutte constant, qui nous caractérise, à vrai dire qui nous caractérise absolument tous en tant que sujet, entre une posture, disons à visée narcissique

et une posture à visée relationelle, et il n'y a ni moyen ni lieu d'y échapper. Il faut trouver le meilleur alliage possible. (2013: 146)

Añade una *doble polaridad* presente en toda escritura de sí: el polo autobiográfico (este soy yo: posición identitaria que corresponde al fantasma de autoengendramiento) y el polo del lector, al que se seduce para que me vea como yo me veo:

> Le pole autobiographique, je disais, «voilà qui je suis», implique une position identitaire qui correspond effectivement au fantasma d'auto-engendrement: «voilà que je suis, regarde comme je m'engendre, et toi, le lecteur, je te séduis en te promettant de me voir comme je me vois». Voilà pourquoi on est à la fois tantot attiré et tantot degouté par ces textes. (2013: 147)

En ese sentido, Chiantaretto considera que hay una especificidad de las escrituras de sí en la medida en que, para el lector, las *modalidades de identificación* no son las mismas que en un texto de ficción o un ensayo teórico. No se los lee de la misma manera. En cuanto a la escritura clínica, señala una diferencia radical que consiste en la responsabilidad respecto del paciente: «Il y a déjà une différence radicale: il y a bien une responsabilité vis-à-vis du patient, quand on écrit en tant que clinicien. Une responsabilité qu'on n'a pas évidement quand on écrit un texte poétique. C'est une difference qui a beaucoup de consequences!» (2013: 147). Ante la pregunta acerca de la escritura de sí entendida como la posibilidad de construir *un espacio psíquico continente* («un éspace contenant intermédiaire»), Chiantaretto menciona el pacto de lectura de Lejeune junto a ideas de André Green.

Añade que por mucho tiempo ha dominado en el campo analítico lo que se conoce como psicoanálisis aplicado, que parte de considerar al analista como *el que aporta el saber* al texto literario, cuando, a su juicio y ya desde Freud, es justamente a la inversa:

es justamente el texto el que aporta un saber desconocido, sin saberlo. Y es el texto el que viene a analizar al lector, si este lo consiente: «Il me semble que la position juste de l'analyste quand il lit un texte-ce qu'à un moment j'ai nommé le "lecteur analyste" -c'est précisément de se saisir du texte comme d'un interprète, presque quelqu'un qui viendrait l'analyser lui, le lecteur» (2013: 147).

Retorna a la especificidad de la escritura de sí, que en tanto cumple con el requisito de Lejeune —identidad entre narrador/protagonista/autor y persona del autor— implica al lector de una manera específica en relación a la persona que escribe: «C'est-à-dire à la fois dans son rapport à la personne —absente— qui va lire son texte et dans son rapport à des destinataires internes, à des figuration internes de ce lecteur, à l'intérieur de lui» (2013: 148). En cuanto al autor de autobiografía, estima que este «se ve en trance de funcionar, o sea, de interrogarse acerca del modo en que el se ve a sí mismo en la mirada de los otros». Donde los anglosajones hablan en el niño de «amigo imaginario», Chiantaretto prefiere interlocutores internos o testigo interno:

> Toute la vie, on a recours à ces *figures intrapsychiques du semblable*. On se construit comme ça. À la fois à partir de registres très précoces, prédipiens, caractérisés par la dépendance vitale vis-à-vis de l'autre et liés aux figures parentales, de les mettre en dialogue. *Ce dialogue intérieur, c'est la matiére même de l'écriture de soi et il vient permettre au sujet l'expérience de son intériorité. C'est à dire l'éxperience d'un territoire psychique.* [...] *L'écriture de soi vient matérialiser, rendre visible ce territoire comme champ d'investigation de soi, comme champ d'expérience de soi au travers des mots.* (2013: 148; énfasis mío)

A continuación cita el caso de Doubrovsky, sobre cuyos textos ha trabajado. Chiantaretto aclara que habla de los textos autobiográficos propiamente dichos, no de aquellos escritos como biógrafo o como analista: «Pour moi, c'est assez clair qu'avec cette écriture de soi extrèmement sophistiquée, il s'agit bien d'un effort pour trouver du repos dans l'écriture, c'est-a-dire un endroit un peu stable où fair l'expérience de soi» (2013: 149).

En la última parte, vuelve a referirse a la *escritura de casos* por parte del analista y reitera su responsabilidad respecto del paciente. Ante la pregunta que se plantea a sí mismo, qué se testimonia en la presentación de un caso, responde que se testimonia del propio cuestionamiento, inducido, activado, convocado por el funcionamiento del paciente. Reitera, como regla fundamental, que el paciente no debe ser reconocido ni reconocerse a sí mismo en la escritura del caso. Además, el paciente tiene que tener su lugar en esa presentación, su espacio. Si por el contrario el analista testimonia desde una posición de omnipotencia, ocupando todo el espacio, evidentemente se condena al paciente a someterse o a anularse.

En toda esta teorización de Chiantaretto, analista interesado en las escrituras de sí y en su propia escritura de casos, encontramos la base teórica de la sustentación que hace Doubrovsky de su propio caso frente a la de su analista Akeret. Como señala Suzanne Tremblay (2017), existe un lazo íntimo entre la experiencia del psicoanálisis y la experiencia de la escritura que se remonta a Freud, que ya era consciente de la inadecuación de la escritura científica de casos para transmitir al lector la esencia del psicoanálisis y dar testimonio de la realidad psíquica en la sesión. La diferencia con el escritor reside en que la palabra del analista es efímera y fragmentaria y no busca producir una obra. Comparten la desconfianza respecto del lenguaje, intentando siempre transmitir lo sensible, remontándose a su origen pulsional. Al respecto, en otra ocasión Chiantaretto afirma que la escritura de sí es una escritura de los límites (de sí, del otro, de los otros), basada siempre en una tensión entre dos posiciones: atestiguar una identidad (aquí lo que soy) y testimoniar una alteridad (aquí lo que me impide ser (2015).

Conviene terminar este capítulo con la mención de otro aspecto importante en la escritura de Doubrovsky, señalado por críticos y reconocido por él mismo, que es el de la intertextualidad recurrente en su autoficción. Como sucede con Borges, la biblioteca del lector/profesor/crítico y teórico literario constituye un intertexto/referencia/autorreferencia constante.

Como veremos en los capítulos siguientes, los tres ejes del título —autoficción, intertextualidad y psicoanálisis— vertebran todo este libro.

Sobre Luisa Valenzuela
Autobiografía, autoficción, intertextualidad y psicoanálisis

Una lectura psicoanalítica de la intimidad

Como acabamos de ver a propósito de las escrituras del yo, Doubrovsky y la autoficción, la autoficción procura la imagen de sí mismo a través del espejo analítico que conlleva, a la vez, la posible cura y la escritura de ficción. En el caso de Doubrovsky se trataba de una conjunción especial: la escritura del yo y la reescritura del diálogo entre paciente y analista en sesión es lo que producía el texto ficcional. A diferencia de la autobiografía, que busca reencontrar la unidad del relato y la unicidad del yo, la autoficción solo puede expresarse mediante el fragmento, la ruptura, lo discontinuo y simultáneo. Esto lo ilustra Doubrovsky en *Le livre brisé* con una cita de *L'Amant* de Marguerite Duras: «L'histoire de ma vie n'existe pas. Ça n'existe pas. Il n'y a jamais du centre. Pas de chemin, pas de ligne» (1989: 21). La cita, curiosamente, conduce a *Los deseos oscuros y los otros. Cuadernos de New York* (1978-1982), que está encabezado por dos exergos. Uno de ellos es precisamente el pasaje de Marguerite Duras, aquí traducido y citado más en extenso: «La historia de mi vida no existe. Eso no existe. Nunca hay centro. Ni camino ni línea. Hay vastos paisajes, donde se insinúa que alguien hubo, no es cierto, no hubo nadie» (Valenzuela 2002: 7). El segundo es de Spencer Holst: «Así que ella escribió más historias, y para cada una de ellas salía a fin de tener una "experiencia". Oh, toda clase de cosas le ocurrieron. Porque elegía a sus hombres cuidadosamente por su valor literario» (2002: 7).

Esos dos exergos ofrecen la clave del texto que sigue. Un texto fragmentado, reiterativo, obsesivo, donde se intercambian lugares y tiempos diversos (Argentina, Nueva York, París, México) en una búsqueda constante de la propia identidad a través de la escritura de un diario que se concibe como repositorio de aventuras emocionales, como refugio y espejo, pero también como motor de una culpa recurrente por no estar escribiendo y haciendo *cosas serias*. O sea: escribiendo sus novelas o participando activamente en la vida intelectual y literaria de New York. En su lugar la autora enumera una larga lista de amantes que se suceden y/o recurren, a la vez que reflexiona sobre la sexualidad y el sexo masculino (hay una «oda al falo» siempre recomenzada), lo que determina largas tiradas en las que la protagonista/escritora aparece extática, furiosa, sensual, herida, abandonada, invadida, polémica, competitiva. La imagen que se autoconstruye es polifacética: *belle dame sans pitié* (con o sin látigo); aguda crítica de los otros y severa autocrítica; ambivalente en el ejercicio de la seducción; contradictoria en su búsqueda constante de comunicación y ternura, que rehúye cuando las encuentra y que ansía cuando no están.

Una pregunta que me he planteado a menudo al leer a Luisa Valenzuela es cuál es la relación entre intimidad y sexualidad, entre cuerpo y género en su obra. Esa pregunta constituirá uno de los ejes determinantes del análisis de estos cuadernos, desde una perspectiva psicoanalítica. Es bien conocida la fábula del filosófo Schopenhauer (que Freud citaba a menudo) acerca del «dilema del erizo»: en un día muy helado, un grupo de erizos que se encuentran cerca sienten la necesidad de juntarse para darse calor y no morir congelados. Cuando se aproximan mucho entre ellos sienten el dolor que causan las púas de los otros erizos, lo que los impulsa a alejarse de nuevo. Sin embargo, como el hecho de alejarse va acompañado de un frío insoportable, se ven en el dilema de elegir entre herirse con la cercanía de los otros o morir congelados. Debido a esta situación van cambiando la distancia que los separa hasta que encuentran una óptima, en la que no se hacen demasiado daño ni mueren de frío[1].

El deseo de intimidad es una necesidad humana fundamental. Sabemos que la forma más temprana de esta intimidad tiene lugar entre la madre y el niño, inmediatamente después del nacimiento, mediante el tacto, la succión, el abrazo, la risa compartida, la visión[2]. Freud, en «La vida sexual de los seres humanos», dice: «El mamar del pecho materno pasa a ser el punto de partida de toda la vida sexual, el modelo inalcanzado de toda satisfacción sexual posterior, al cual la fantasía suele revertir en momentos de apremio» (Freud 1966: 287). Esta unión inicial entre el niño y la madre, a «good enough mother» —caracterizada por Winnicott por su suficiente capacidad de empatía en la relación con el niño—, establece el fundamento de todo el desarrollo emocional subsiguiente y de la capacidad de intimidad. En «Desarrollo emocional primitivo» explica Winnicott,

> Trataré de describir en los términos más simples posibles este fenómeno tal como yo lo interpreto. En términos de niño y pecho de la madre [...] el niño tiene apremios instintivos y voraces ideas. La madre tiene un pecho y el poder de producir leche, y la idea de que le gustaría ser atacada por un niño hambriento. Estos dos fenómenos no llegan a relacionarse uno con otro hasta que la madre y el niño *viven juntos una experiencia*. Siendo la madre madura y

---

[1] En *Escritura y secreto* leemos: «Desde la ficción tenemos solo una forma de tratar al Secreto con respeto casi místico, amándolo de *la manera como se dice hacen el amor los puercoespines: con sumo cuidado*» (Valenzuela 2002: 14; énfasis mío).

[2] «Su principal interés está dirigido, como ustedes saben, a la recepción de alimento; cuando se adormece luego de haberse saciado en el pecho, expresa una satisfacción beatífica, lo cual se repetirá más tarde tras la vivencia del orgasmo sexual» (Freud 1966: 288).

físicamente capaz, tiene que ser la que demuestre tolerancia y comprensión, de manera que es ella la que crea una situación que, con suerte, puede resultar el primer vínculo que establece el niño con un objeto externo, que es externo con respecto a él mismo desde el punto de vista del niño [...] Es especialmente al comienzo que las madres son vitalmente importantes y por cierto, es una ocupación de la madre proteger a su hijo de las complicaciones que todavía no pueden ser comprendidas por él, y continuar firmemente suministrándole el trozo simplificado del mundo que el niño, a través de ella, llega a conocer. (1999: 207-208)

El deseo y la imperativa necesidad de intimidad tienen su origen en esa fase inicial del desarrollo de la vida humana y pueden entenderse como la búsqueda del retorno a aquella unión primera entre la madre y el niño, en un intento de deshacer la primordial separación de la madre tras el nacimiento. De allí en lo adelante habrá siempre un conflicto entre dependencia e independencia en la medida en que el individuo se mueve desde esta simbiosis inicial, esta unidad y fantasía de fusión en la etapa pre-edípica, hacia la separación en la etapa edípica, donde será el padre quien facilite al niño la separación de su madre. Winnicott afirma que la combinación de una saludable fase simbiótica inicial y de un exitoso proceso de separación/individuación provee al individuo la formación de un yo separado y de una identidad que, junto con la capacidad de estar solo, son requisitos fundamentales de la intimidad adulta[3]. La intimidad nunca es posible sin cierto grado de fusión, pero para aquellos individuos que nunca se han separado adecuadamente de la relación simbiótica con la madre, la intimidad es extremadamente amenazadora y representa un peligro psíquico. Esto es: el peligro de ser devorado, el miedo de ser sofocado, ahogado, poseído, aprisionado, tragado o absorbido

---

[3] Veáse Winnicott 1960 y 1999.

por el otro. En forma semejante, para aquellos que nunca pasaron adecuadamente por el proceso de separación e individuación, existe también un intenso sentido de pérdida y el miedo de abandono o rechazo. En suma, toda relación íntima lleva consigo ese doble miedo: ser devorado o ser abandonado. En adición, y puesto que una perfecta unión empática es humanamente imposible, es inevitable experimentar frustración, rabia y odio hacia el otro. Una forma de defensa contra esos sentimientos consiste en dividir el mundo entre figuras idealizadas y figuras persecutorias: «todo bueno» (idealización) *versus* «todo malo» (devaluación). Las relaciones basadas en esta división maniquea son muy frágiles porque no toleran desilusiones e impiden la formación de una auténtica relación íntima: toda intimidad, para ser tal, requiere no solo de una percepción adecuada y realista del otro sino también, y sobre todo, la capacidad de tolerar ambivalencia y conflicto, amor y odio[4]. En palabras de Edgar Levenson, «En el amor auténtico, uno no necesita perseguir la perfección, pretender ser más de lo que uno es. La intimidad consiste en la apertura al otro tal como se es» (Prager 2005: 6-7).

Volvamos ahora a los cuadernos de Valenzuela. Allí leemos: «Estos textos van a tratar en esencia sobre el aprendizaje del amor» (2002: 18). Para lograrlo, la narradora mantiene un constante distanciamiento que la convierte en testigo de sí misma, desdoblada, reflejada en espejo a la vez que reflexiva en un proceso en el que sus amantes son objetos vorazmente consumidos y antropofágicamente integrados en la ficción. Explica: «esa esquizofrenia, esa dualidad de ver los momentos más apasionantes de mi vida, *como si le ocurrieran a otra*, tratando de sacarles el mejor partido literario» (2002: 77). Se trata, en realidad, de una mujer sola contemplándose a sí misma en una especie de acto masturba-

---

[4] Acerca de la función positiva del odio, véase Bollas 1984.

torio que equipara con el acto creador. Por eso celebra la confesión de Jerry Rubin, a la vez que critica su *naiveté*:

> Me voy a masturbar un rato y vuelvo, confesó Jerry Rubin en su libro *Do It!* Y eso me gustó, por confesión de un acto inconfesable y por un desconocimiento total: como si no (hubiera) hubiéramos estado cometiendo todo el tiempo el acto por demás masturbatorio de escribir confesiones. (2002: 84)

Los deseos oscuros y los otros es como un costurero, como Virginia Woolf quería que fuera su propio diario: repleto de elementos heterogéneos, incluye anotaciones seminales, ideas y fragmentos de textos futuros, la narración de sus propios sueños y reflexiones acerca de literatura, de la crítica y de la creatividad. Los lectores asiduos de la obra de Valenzuela tenemos la impresión de un *deja vu*, puesto que la mayoría de sus tópicos recurrentes —lo que ella llama «sus obsesiones»— reaparecen aquí. Por ejemplo, la búsqueda del yo y de la identidad nacional; las relaciones de poder entre los sexos; la vida concebida como un teatro o un guión con variaciones múltiples; la necesidad de máscaras y disfraces en nuestra relación con los otros; la constante sensación de vivir en exilio, o la coexistencia en dos mundos diferentes; el erotismo y la política; el miedo a las omnipresentes censura y autocensura, que solo pueden ser combatidas mediante el erotismo y el sentido del humor.

En ese sentido, el diario se vuelve el *revés de la trama* de sus textos de ficción, en una especie de laboratorio de muestras donde alientan en germen anécdotas, rasgos de carácter, comportamientos, diálogos, reflexiones que luego va a reelaborar e integrar en cuentos, novelas y hasta ensayos. En el recurrente Pato (en el diario), el lector reencuentra al Agustín Palant/Gus de *Novela negra con argentinos*: aquel escritor argentino recién llegado a New York, traumatizado por la violencia que ha dejado atrás y víctima de una doble impotencia, sexual y escritural, que canaliza cuando mata a una actriz encontrada al azar. En el negro neoyorkino de terrible infancia, el Joe del diario («mi sueño de tener un romance con un negro», le escribe en una carta a su amiga, la escritora argentina residente en París Alicia Dujovne Ortiz), se convocan los negros de *El gato eficaz,* así como el protagonista de «La palabra asesino» y el Bill que la reconcilia con su sexo y con su cuerpo (en oposición a la impotencia de Agustín) en *Novela negra con argentinos.* Y es este Joe del diario (que retorna en *La travesía*) quien le provoca una reflexión acerca de su identidad cambiante en consonancia con el hombre con el que esté en ese momento:

> Cada hombre nuevo es una nueva óptica, una forma de mirar que nos calzamos [...] Ahora veo todo color Joe, busco sus semejanzas, releo *El perseguidor* para mi seminario y lo siento aquí a Joe y quiero incorporarlo a mi sistema digestivo [...] Desde siempre la gula de vivir vidas vicarias, a través de los otros. Recuperación de los espejos. (2002: 186)[5]

Por su parte el *Tim* del diario reaparecerá en su novela *La travesía,* y el psicoanalista no nombrado sino como S remite al de *Como en la Guerra*[6]. Dieter, el profesor de historia, también ha de reaparecer en *La travesía* bajo el nombre de Jerome, así como Curtis, el adolescente negro que viaja en subte y hace grafitti con

---

[5] Cabe subrayar que Cortázar, citado a través de uno de sus textos más representativos, es una referencia intertextual recurrente en Valenzuela.

[6] Veáse el apartado referido al psicoanálisis en su ficción y ensayos. En los cuadernos hay varias menciones a S y su seminario: sobre Hermes y el poeta como ladrón «porque produce valor simbólico» (2002: 93, 96); sobre el «deseo enigmático» en Lacan; sobre la verdad «que el arte corporiza» (2002: 118); sobre Prometeo, el fuego, el deseo y la ética (2002: 118). También hay enigmáticas menciones a irse a la cama con S sin consumación sexual, y charlas y discusiones varias (2002: 134-135, 141-145, 233).

su nombre. Hay una entrada en el diario referida a «las fascinaciones morbosas» (2002: 222) que incluye a la dominatrix Ada [Taurel] y las marionetas de Gilles, que nos remiten nuevamente a *Novela negra con argentinos* y a *La travesía*.

Menciona también el proceso de escritura de *Cola de lagartija*, así como la traducción al inglés hecha por David Rieff, el hijo de Susan Sontag. Por su parte, la Bella y el Embajador son presencia recurrente en borradores que intentan convertir sus peripecias en una novela a la que finalmente renuncia y que ha de resultar en otro cuento del volumen *Cambio de armas*, titulado, justamente, «Cuarta versión». Allí la protagonista-escritora, Bella, se debate entre papeles, cuadernos, notas, fichas —«Momentos de realidad que de alguna forma yo también he vivido y por eso mismo también a mí me asfixian, ahogada como me encuentro ahora en este mar de papeles y de falsas identificaciones» (1982: 3)— igual que la autora de los cuadernos cuando se pregunta: «¿Dónde termina la escritora, y empieza el personaje o viceversa? ¿Dónde está una, actuando sus propias máscaras, la seducción que es finalmente la gran máscara? Una dejando todo suelto, anotado, en infinitos cuadernos y lo mismo en la vida» (2002: 110).

La máscara, *leit motiv* en Valenzuela junto con el tema de la seducción, asume ahora la forma de innumerables cuadernos —los propios, los de Anaïs Nin, Virginia Woolf, Doris Lessing, Margo Glantz, Alejandra Pizarnik (2002:148)— en los que reaparece la necesidad de expresarse y de expresar a todas las mujeres en una oscilación constante entre la memoria y el presente: «Linda la historia de los notebooks. El que Anne Sexton le dió a Erica Jong con la siguiente advertencia: *La vida solo puede ser entendida hacia atrás pero debemos vivirla hacia adelante*» (2002: 214). En ese afán de validar y autovalidarse, la intertextualidad es una constante en sus referencias a Cortázar, Borges, Susan Sontag, Margo Glantz, David Rieff, Erica Jong, Salomón Resnik o Alicia Dujovne Ortiz

—y hasta una confesión a Julia Kristeva, de quien, descubre con horror, ha plagiado su noción de abyección en su charla sobre el miedo. Porque el diario es no solo recuperación de la memoria y repositorio de cuentos y novelas en germen, sino también laboratorio donde se procesan ideas que han de aparecer luego como ensayos («escribir con el cuerpo», «el regodeo en el asco», la «oda al falo»).

Actuando como testigo permanente de sí misma y de los otros, como si fuera un espejo, Valenzuela se remonta a su niñez y recupera la memoria de su madre, la escritora Luisa Mercedes Levinson, durante el día en la cama, escribiendo y rodeada de papeles, cuadernos y gatos, y por la noche brillando en el llamado grupo de Bloomsbury. En su recuerdo la madre generalmente aparece fría y distante respecto de una hija que la admira. Acerca de esto encontramos dos referencias similares: una en el prefacio que Valenzuela escribe a los cuentos de su madre, traducido al inglés, en 1984, y la que aparece en estos diarios. En la primera leemos,

> I have a recurrent image of my mother: Lisa in bed all day surrended by papers, the Lettera 22 over her stomach, typing with two fingers, which was strange for someone who had performed harp concerts in her youth and played the piano well by ear. There she was, surfing along those papers by hand and by type, pages and pages of manuscripts, many now lost, trampled and destroyed by her cats. (Levinson 1986: 4)

En la de los diarios, en cambio:

> mi madre sumergida en su propio mar de papeles, metida en la cama y escribiendo —como yo ahora— solo que yo no, no metida en la cama, yo entrando y saliendo de la cama, no en camisón sino vestida. *Entrando y saliendo de la cama, incapacitada de estar en un lugar, siempre optando por el otro, el más distante.* (2002: 72; énfasis mío).

En estas anotaciones Valenzuela muestra menos piedad por su madre. De hecho, lamenta que su excesiva admiración y amor no hubieran estado dirigidos a su propia hija y no a su madre:

> La admiré por error a mi madre. La admiré como loca. Hoy pienso que el único ser digno de admiración es mi hija porque no hace alarde y algo sabe [...]. ¿Qué pedirle a una madre que se apropia de todo y nos deja en pelotas? ¿Qué pedirle a una hija a la que quisiéramos darle todo y no podemos? (2002: 24)[7]

En uno de sus frecuentes puns, Valenzuela juega con las palabras *madre* y *madre patria*, ambas carentes por igual de afecto y llenas de rechazo, motores poderosos que la impulsaron a vagar por el mundo en busca de un hogar que ha de hallar, finalmente, en la escritura. Y la vieja frase reencontrada, «Salirse de madre, mi necesidad absoluta» (2002: 73). No será entonces una coincidencia que Valenzuela vuelva a radicarse en Argentina tras la muerte de su madre, cuando se siente autorizada a recuperar un lugar/un hogar. «Yo no puedo dejar que me usurpen mi lugar y dónde está mi lugar? Es solo un blanco móvil. Y ahora tratando o mejor dicho no, ocupando sin siquiera darme cuenta el lugar de mi madre (mi propia mamma, viejita!!)» (2002: 72).

En *Los deseos oscuros y los otros*, que lleva el subtítulo de *Diarios de New York*, la vida de Valenzuela en la urbe es el trasfondo principal del que se nutre el texto; aunque prefiere dejar sin nombre a la protagonista, se identifica con su *persona narrativa* a través de frecuentes referencias tanto a personas reales (Susan Sontag, Erica Jong, Joseph Brodsky, Alicia Dujovne Ortiz, Julio Cortázar) como a lugares, tiempos y hechos reales (su propio trabajo en la

---

[7] Examinando su relación con Joe, su joven amante negro, escribe: «Yo fui madre a los 20» (2002: 162).

universidad, su participación en diversos comités, la obtención de la beca Guggenheim, por ejemplo). Hay así un afuera y un adentro, ya que mediante la escritura del diario busca anotar y analizar emociones, recuperar e interpretar sueños, transcribir su vida sentimental y sexual, contrarrestar la soledad y dominar el miedo. Miedo que asume diversas formas: miedo a la violencia, miedo a la censura, miedo a un Joe asesino, miedo a la soledad, miedo a la impotencia escritural, miedo a destruir/se o ser destruida por el otro. La escritura es entonces catarsis, depuración y refugio, pero también violencia y acto masturbatorio. Por otra parte, Valenzuela ficcionaliza a sus amantes, cuyos nombres reales nunca conocemos, pero a los cuales canibaliza al integrarlos en su ficción mediante una narración fragmentada y discontinua. De ese modo, y mediante el lenguaje, Valenzuela transforma la cotidianeidad de su vida en obra literaria[8].

Además de las ya mencionadas, y muy significativas, referencias a su madre, es importante mencionar otro recuerdo infantil recurrente, que aparece en los diarios y también en *Novela negra con argentinos*. Este recuerdo está relacionado con un hecho poco mencionado en la vida de Valenzuela: la existencia de una hermana mayor que murió a los veinte años, cuando ella tenía diez, y que acostumbraba contarle cuentos de terror para hacerla comer[9]. En una entrevista publicada en *The Paris Review*, Valen-

---

[8] Dice Doubrovsky, «J'éxiste à peine, je suis un être fictive. J'écrit mon autofiction [...] Depuis que je transforme ma vie en phrases, je me trouve intéressant. A mesure que je deviens le personage de mon roman, je me passione pour moi. [...] Ma vie ratée sera une réussite littéraire [...] Écrire au bistouri me fatigue» (1982: 74-75).

[9] Curiosamente, en la novela *Cuidado con el tigre* (publicada en 2011 pero originalmente escrita en los años sesenta), el conflicto central gira en torno a dos hermanas. La mayor es Emanuela, la poderosa y magnética «capitana» de una organización guerrillera, y la menor es Amelia, en apariencia marginal

zuela recuerda: «I dictated my first poem to my mother at age six. It was about death. Funny I would connect so early with the one unavoidable subject» (Lee & Bilbija 2001: en línea)[10]. Después de ofrecer una breve síntesis del poema («The poem describes a beautiful woman with all the obvious metaphors of the time; then a bird comes to her window and says, Hacia ti viene la muerte»), y tras reconocer la influencia de Poe, Valenzuela arriba a una especie de conclusión: «My older sister used to read scary stories aloud to make me eat, so maybe that's where I got the inspiration» (2001: en línea). En los diarios vuelve sobre ese tema:

> Qué maravilla. Lo que más me interesa son las coincidencias los puntos de encuentro. Salgo con Martha G. pensando que voy a comprar unos trapos pero aterrizo en la librería de paperbacks. Busco lo inhallable: *Salvoconducto* de Pasternak que me aconsejó Susan para mi siempre postergado proyecto autobiográfico o *El ahorcado* de Sheldon Kropp, que no está en ninguna parte. Y me compro *Ida* de Gertrude Stein y los cuentos de fantasmas de Sheridan Le Fanu. *Ida en honor a quien me crió, y los cuentos de fantasmas con la secreta esperanza de encontrar el cuento de los futuros decapitados que me leía mi hermana para hacerme comer. Yo abría la boca aterrada, ella metía la cuchara de sopa, yo escuchaba la historia

---

y desvalida pero dueña de su propia estrategia de lucha personal. Ambas se disputan un hombre, Alfredo Navone, personaje recurrente en la obra de Valenzuela. No es difícil identificar a Amelia con la persona autoficcional de Valenzuela.

[10] Veáse el extenso reportaje que Luisa Valenzuela le concede a Magdalena García Pinto. Hablando del tema de la muerte, recurrente en su obra y predominante en *El gato eficaz*, Valenzuela reconoce que «lo que viene de afuera lo único que hace es despertar las cosas que están dentro de uno, evidentemente es una obsesión mía» (1988: 225). Vease también la referencia a la presencia recurrente de gatos en su ficción («Yo creo que es algo que me debe venir desde chica, pues yo siempre tuve muchos gatos. Mi madre también tiene muchísimos gatos...» (1988: 225).

de la mujer con los sesos al aire que buscaba, hacha en mano, en quién vengarse, yo esperaba el desenlace junto con los muchachos de la planta baja de la casa abandonada, mi madre interrumpió la lectura cuestionando si esas serían historias para leerle a una niñita de cinco años. El *cuentus interruptus* me provocó alucinaciones visuales esa misma noche y *una eterna sed por conocer el final de la historia*. (2002: 209-210; énfasis mío)

El recuerdo y la historia reaparecen en *Novela negra con argentinos*. Roberta, una escritora argentina que vive en Nueva York, está tratando de ayudar a su compatriota y amante Agustín a descubrir la razón de haber matado a una mujer que acababa de conocer. Él dice: «Me pregunto qué te hace acompañarme, que te lleva a ayudarme en mi busca». Roberta contesta: «No sé, no me preguntes. O sí. Debe tener algo que ver con mi infancia. Un cuento, ando buscando yo también el final de un cuento» (Valenzuela 1991b: 124). Y cuando Agustín le pregunta acerca de esa historia, ella se la cuenta:

Sí, me la estaban leyendo para hacerme comer. A los cinco años imagínate una historia de terror, así me enteré qué era eso de la masa encefálica. ¿La masa encefálica? pregunté. Sí, me contestaron, los sesos. Una noche de tormenta tremebunda y esos dos muchachos del cuento se refugian en la casa abandonada en el medio del bosque. Manyá la escena. Rayos y centellas, esas cosas. Cuando pregunté qué eran las centellas me dieron tan terrorífica descripción de fuegos que se cuelan por debajo de las puertas y te persiguen que también me pasé aterrada por las centellas pero eso fue más adelante, ese día era sobre todo la masa encefálica, es decir esos dos muchachos que se refugian en la planta baja de la casa abandonada y oyen ruidos y crujidos y sienten pánico pero tratan de calmarse mutuamente diciendo que es el viento. No. No es el viento. Es la mujer asesinada que camina por el piso de arriba con un hacha en la mano. Tiene la masa encefálica al aire, alguien la mató de un hachazo en la cabeza y ella está buscando venganza. Disculpame. No debí contarte esto. De todos modos ni sé cómo termina la historia, mi madre entró en ese momento y dijo Te parece que eso es como para la nena, y bueno, no me leyeron más pero esa misma noche la pasé a los alaridos, alucinando, viendo puertas y ventanas que se abrían y a la mujer, en fin. Nunca supe cómo terminaba la historia y ahora vaya una a saber cómo terminan todas. (1991b: 124-125)

En este recurrente recuerdo de su infancia hay varias mujeres que interactúan: una niñera acerca de la cual no sabemos nada (salvo su nombre y que la crió), una hermana mayor que murió a los veinte años y cuya existencia ha sido mantenida casi como un secreto en la vida de Valenzuela, y una madre que delega en su hija mayor la responsabilidad de nutrir a su hermanita menor, forzando a la vez la comida en su boca y una historia de horror en su mente. Una historia que trata, como vimos, de una mujer con los sesos al aire, que camina por el piso de arriba con un hacha en la mano y en busca de venganza, y cuyo final nunca conocerá porque la madre interrumpe el relato. Pero el horror persiste y la búsqueda del desenlace la acompañará toda su vida. Desafortunadamente, en ese recuerdo que le viene de la infancia ni la madre ni la *madre sustituta* aparecen como figuras cálidas, nutricias o dadoras de vida, sino todo lo contrario. De hecho, la muerte —como en su primer poema, transcrito por su madre— constituye una presencia poderosa en la historia que se le cuenta, y más tarde, en aquella (su hermana) que cuenta la historia. En *Novela negra con argentinos* Valenzuela ficcionaliza estos afectos en la protagonista, Roberta, quien recupera en la edad adulta aquellos miedos infantiles:

Dentro del placard, Roberta, perdida en sus terrores nocturnos, los mismos que en su infancia la despertaban en medio de la noche y la dejaban pegada a las sábanas, a veces, y a veces la impulsaban a avanzar por los largos corredores de la casa a oscuras, en verdadero acto de arrojo, para asegurarse de que la puerta de calle estuviera con llave y era ella tan chica que apenas alcanzaba el picaporte. (1991b: 110)

En «On the dynamics of interpersonal isolation» de Joseph Barnett encuentro otra clave para entender el modo en que Valenzuela representa la intimidad, la sexualidad, el cuerpo y el género en sus textos:

> The basic requirement of intimacy is that its participants be known to each other. In turn, this requires both the wish to know, i.e., the interest, effort, and concern, and the decision to be known, i.e. to allow exposure of self to the other [...] we can extend this basic requirement to all the stages of the development of intimacy, from childhood on. (1978: 60)

Como se ha visto, Valenzuela representa a su madre como una persona fría y centrada en sí misma, incapaz de proveer cuidado y nutrición (ya sea mediante comida o historias adecuadas), al punto de ser reemplazada por su hija mayor, quien se convierte en la proveedora de historias de horror interrumpidas, demasiado tarde, por una madre negligente y castigadora. La confesada admiración e idealización de su madre por parte de Valenzuela y posiblemente también por su hermana no constituyen amor o entendimiento del otro sino miedo, frustración y eventualmente odio. Podemos aventurar también que la obsesión de Valenzuela por las máscaras, y su constante necesidad no solo de coleccionarlas sino de usarlas, constituye una forma de evitar la autoexposición, mediante una estrategia de autoprotección, aislamiento y recurrente huída de la mirada de los otros. Shmuel Erlich explica que existe una condición insoportable para la persona narcisista, que consiste en aceptar que necesita del otro. Por eso adopta la actitud de no necesitar a nadie, o de disociarse de la experiencia de necesidad. Esto lo conduce a construirse «a sort of bubble or sphere around himself in which he has everything and in which everything is experienced as beautiful, good, admired, and adored», y agrega: «Such need as he may have for the other is then merely to confirm his own being, serving as a mirror that reflects, and perhaps enhances, his own worthwhileness, grandness, beauty, or another adorable aspects» (1998: 142). Como paralelo de estas reflexiones teóricas, leemos en los diarios de Valenzuela:

> Yo, la de los muchos hombres, soy la chamuscada, la que de todos modos sabe renacer de las cenizas —y con cuantas ínfulas. Aspirando para cobrar espacio, respirando hondo. De espacio se trata, no lo duden, se trata de espacio, ese mismo que le pertenece a una y que todos quieren ocupar por una. Y la lucha por conservarlo, y cada vez que dice aquí estoy yo al ratito nomás descubre que sí, es cierto, allí está pero se ha quedado sola. Nadie al lado. Ni una sonrisa de gato cheshiriano. Nada. Por culpa del simple temor a la contaminación de quienes pretenden verse protegidos por la máscara. Una ha aprendido no sin cierto dolor a arrancarle la máscara a los otros, y la propia ya se ha hecho carne viva. (2002: 49)

De acuerdo a lo visto, el amor adulto es siempre el retorno a un viejo y primitivo amor, el de la relación primigenia madre/niño; o sea, una vuelta a lo familiar y conocido. En el caso de Valenzuela, la necesidad de diferenciarse de su madre (primero como mujer y luego como escritora), y de defenderse de quien experimentara como distante e inalcanzable mediante el enmascaramiento de emociones y deseos es lo que ha de marcar sus relaciones románticas y su representación narrativa. En las páginas iniciales de *Los deseos oscuros y los otros* la narradora menciona su encuentro, recién llegada a New York, con un analista «al que vi esporádicamente» (2002: 16). Este episodio constituye una continuación/ampliación del pasaje de Holst que lleva el libro como exergo. Este analista le dice «Usted no busca hombres, no busca amantes, busca personajes para sus novelas», lo que provoca su distanciamiento inmediato: «Al analista dejé de verlo después de esa misma sesión, porque no consideré que podía entenderme y saber que *para mí la vida y la novela, el amor y la novela, son una y la misma cosa*» (2002: 16; énfasis mío). Y continúa: «ahora me preocupa la cuestión, un poco porque me veo retratada en el personaje de Spencer Holst [...]. Cierto que solo cité, para abrir estas reflexiones, la mitad del párrafo, la que más me convenía porque el resto dice así», y completa la cita amputada: «porque elegía a sus hombres por su valor literario, buscando siempre a alguien siniestro para sus idilios desdichados, y después simplemente escribía lo que le había pasado, la pura verdad en un estilo plañidero» (2002: 16).

En este fragmento, que funciona como microcosmos de todo el texto, se dibujan varios tópicos recurrentes: 1. La necesidad de ocultar la verdad (aún para sí misma), siendo solo capaz de afrontarla por medio de la escritura. 2. La fusión/confusión entre ficción y vida, marcada por la memoria recurrente de una horrible («siniestra») historia sin final. 3. La manipulación de experiencias personales con el fin de escribir ficción o, mejor aún, una suerte de autoficción. 4. La omnipotencia y el constante deseo de ejercer poder y control. 5. Su distanciamiento narcisista de la vida y de los seres humanos en una absoluta concentración sobre sí misma y mediante la construcción de un mundo donde la presencia del otro es vista como intrusión, amenaza o desilusión.

En una entrevista en New York en la primavera de 1991, Linda Yablonsky le pregunta acerca de su vida doméstica y Valenzuela contesta que vive sola, en medio de un parque rodeado de árboles. Interrogada acerca de los hombres en su vida, dice: «Yo siempre me peleé con mis hombres y he sido a menudo violenta», y cuando la entrevistadora afirma «yo puedo ver rabia en su escritura», continúa Valenzuela: «no me gusta ser invadida. Yo me siento invadida fácilmente. Necesito mi privacidad más que ninguna otra cosa» (Yablonsky 1991: en línea; mi traducción). En otro apartado, refiriéndose al vampirismo, agrega: «Cuando escribo me convierto en un vampiro capaz de chupar sangre de cualquier lado para una novela», lo que nos conduciría de nuevo al pasaje de Holtz.

En *Los deseos oscuros y los otros* reencontramos la autoficción/autofricción de Doubrovsky como rasgo constitutivo de este tipo de escritura, que oscila entre la autobiografía y la ficción, la memoria y el presente, y donde se busca no solo recuperar la propia vida mediante la escritura sino también el proceso mismo de la escritura: «Conservar los escritos que narran los pasos previos a la confección del texto, o, mejor dicho, los que narran la tediosa, minuciosa búsqueda que conducirá al apretado texto» (2002: 180). En esa consignación paciente de lo cotidiano se incluyen, como se ha visto, sueños (sueños de calma, de infancia, con Joe *the killer*, con los solemnes amigos escritores de su madre, moluscos, una palomita), el insomnio, los rituales mágicos, los dolores de cabeza, la voracidad, la consulta del *I Ching*, los vaivenes sentimentales, los viajes, las mudanzas, los encuentros y desencuentros. Todo ello queda registrado con la mayor veracidad posible y sin plan previo, siguiendo la pulsión del inconsciente. Leemos en el epílogo: «En el presente volumen no recurro a disfraz alguno, tan solo un taparrabos hecho de estertores de escritura porque se trata aquí de diarios íntimos, nacidos por generación espontánea y acallados por progresiva degradación o desgaste» (2002: 246). Mezcla del texto de Marguerite Duras, de los amantes fagocitados y ficcionalizados de Holst y de la esfera de Pascal de Borges, cuyo centro está en todas partes y la circunferencia en ninguna, estos cuadernos constituyen un acto de indagación personal y profesional que ayuda a iluminar no solo la obra toda de Valenzuela sino también las vicisitudes de una escritora argentina nómada en pos de una escritura que la represente y exprese.

En cuanto a los episodios amorosos allí registrados, puede detectarse el esbozo de una pauta recurrente. Hay siempre miedo al rechazo: «Uno renuncia al amor por miedo al rechazo. Y mientras tanto qué hago: Pretendo amar y rechazar al mismo tiempo y por fin logro lo que busco es decir ser rechazada y me siento orgullosa de mí, confirmada en mis sospechas» (2002: 47-48). Cada uno de sus *love affairs* comienza con la fantasía de la fusión en el otro y la ilusión de ser un solo ser, sacando a la superficie conflictos pre-edípicos acerca de la separación de la madre, incluyendo el miedo a ser devorada y/o abandonada. Leemos: «Hundirse en el otro, buscar la salvación en los ojos del otro. El salvavidas. Y después, ¿qué? Arrastrarlo al naufragio, o propender a la flotación por corrientes cruzadas» (2002: 49).

Una simbolización parcial de esa pauta recurrente en sus relaciones amorosas aparece representada por la mano. La mano y sus variaciones: tomar la mano, dar la mano, retirar la mano, jugar con la mano, abrir la mano. En los cuadernos, estando en compañía de un amante al que llama el Gato, la narradora le dice: «Porque, oh Gato con Botas, ya no tenés cinco años para pensar que cuando alguien te toma de la mano es para arrastrarte malamente a algún sitio adonde no querés ir. Cuando alguien te toma de la mano, ahora, es solo para compartir algo de calor humano», pero a renglón seguido pasa a contradecirse totalmente: «Eso digo y alecciono y trato de inculcar a los otros pero después sé que no es cierto. Yo la doy y la quito. También yo sucumbo a los terrores, aunque me guste proclamar lo contrario» (2002: 51). El motivo reaparece en *Novela negra con argentinos*, donde Agustín es incapaz de tomar la mano de Roberta porque ese acto lo hace sentirse atrapado. Roberta, aunque capaz de reconstruir la historia de Agustín y comprender su reacción, se siente furiosa ante su rechazo:

> Iban caminando más tranquilos, tomados de la mano; y a Roberta le empezó a crecer desde la planta de los pies una ternura que le trepaba dulcemente por las piernas, abrigándola. Agustín iba prendido de su mano como un chico y Roberta estaba empezando a sentirse reconciliada con el mundo cuando la asaltó un recuerdo que le hizo soltar la mano de Agustín, con rabia. Y no fue pensar en lo que era capaz de hacer con esa mano. Fue recordar aquello que no era capaz de hacer: darla. Como si se le hubiera venido encima ese tren en el que los dos viajaban juntos, tiempo atrás, cuando a ella le dolía tanto la cabeza que buscó la mano de Agustín como un consuelo. Él apenas se la dejó medio segundo, después la retiró musitando un rechazo. No me gusta que me agarren la mano, me siento atrapado, le había dicho. Y Roberta se había largado a llorar desconsoladamente. *Más tarde había tratado de entenderlo diciéndose que él, huérfano de madre al año y medio, casi no conoció manos de cariño y sí manos que lo agarraban para arrastrarlo a lugares donde él no quería ir.* Claro que aquella vez en el tren la de Roberta era una mano cargada de otras propuestas, sin el menor intento de atraparlo o conducirlo. Y él le había retirado la mano, y ahora se aferraba a la de ella invirtiendo los papeles. (1991b: 58-59; énfasis mío)

Como se ha reiterado, la primera experiencia de intimidad se da en la relación entre madre y niño, caracterizada por simbiosis, unión, comunión y fantasía de fusión del uno en el otro. En esa fase prelingüística de fusión entre ambos la madre, según Winnicott, se vuelve espejo del bebé, en tanto que la posterior adquisición del lenguaje va acompañada de un proceso de separación que continúa a lo largo de toda la vida. Esa unión inicial entre la madre y el niño tendrá luego una profunda implicación en la capacidad de intimidad de cada persona en la vida adulta.

La intimidad demanda confianza, apertura compartida y autoexposición, siendo a la vez intrapersonal e intrapsíquica. La primera tiene lugar de persona a persona, la segunda moviliza todo tipo de conflictos interiores: miedo de fusión, ansiedades paranoides y psicóticas, sentimiento ambivalente de amor y odio. Como todo creador, Valenzuela tiene consciencia de sus ambivalencias y contradicciones, y sobre todo del valor terapeútico de su escritura. Por eso escribe, al comienzo de *Los deseos oscuros y los otros*: «Basta de tantos cortes y quebradas, basta de enfocarse en pedacitos de una misma. *Esto será un intento de integración: el enemigo interno y el externo y el interjuego que los conecta*» (2002: 19; énfasis mío).

Bajo el lente psicoanalítico

Luisa Valenzuela nació en Buenos Aires el 26 de noviembre de 1938, hija de Pablo Valenzuela (médico) y de Luisa Mercedes Levinson (escritora)[11]. Como ya se ha visto, tuvo una hermana mayor, Helena, que murió a los veinte años, cuando Luisa tenía solo diez años de edad, y de la que, como en el caso del padre, poco o nada se sabe. Curiosamente ese silencio inicial respecto de la hermana mayor se rompe en algún momento, y su figura pasa a habitar textos como *Cuidado con el tigre* (escrito en los sesenta pero publicado en 2011)[12] o «La densidad de las palabras», de

---

[11] Hay pocas referencias al padre en la obra de Valenzuela. Tal vez porque, como dice en *Los deseos oscuros y los otros*, «Mi padre decidía pocas cosas en la casa, pero como médico algo podía decir en temas de salud» (2002: 20), o quizá porque muere tempranamente y su madre vuelve a casarse. En todo caso, la figura prominente para Valenzuela es la de su madre.

[12] En «El Eslabón Perdido, a manera de postfacio» leemos: «Es esta una novela escrita poco después de la época durante la cual transcurre la acción [los años sesenta]. Habría querido titular las siguientes páginas "Secreto del manuscrito engavetado" pero me temo que no existe el tal secreto, al

Simetrías —relato que pertenece a la sección «Cuentos de Hades», que recoge reescrituras de cuentos de hadas localizados en una zona psíquica infernal.

Bruno Bettelheim ha analizado la función de los cuentos de hadas en el desarrollo del niño. Para que contribuyan a ese desarrollo es necesario que esos cuentos enriquezcan la vida del niño y estimulen su imaginación, y que lo ayuden a desarrollar su intelecto y a clarificar sus emociones en consonancia con sus ansiedades y aspiraciones, reconociendo plenamente sus dificultades y sugiriendo soluciones (Bettelheim 1975: 5). Fundamentalmente, se trata de reconocer las tribulaciones del niño a la vez que promover la confianza en sí mismo y en su futuro. Bettelheim cita a Schiller: «Deeper meaning resides in the fairy tales told to me in my childhood than in the truth that is taught by life» (1975: 5). Si pensamos nuevamente en las historias de horror que la hermana de Luisa le contaba para hacerla comer y la interrupción/censura de su madre, tal vez entendamos mejor su deseo de rescribir cuentos de hadas que, en lugar de brindar seguridad, se transforman en «Cuentos de Hades».

«La densidad de las palabras» arranca así:

> Mi hermana, dicen, se parecía a padre. Yo —dicen— era el vivo retrato de madre, genio y figura. «Como todo el mundo quiere generalmente a quien se le asemeja, esta madre adoraba a su hija mayor y sentía al mismo tiempo una espantosa aversión por la menor. La hacía comer en la cocina y trabajar constantemente». (Valenzuela 1993: 143)

---

menos no para algún posible lector/a, solo quizás para mí» (2011: 207). Ese secreto, o el hecho de que la novela escrita en los sesenta aparezca recién en el 2011, era —aclara Valenzuela—, «de índole ideológica», pero en mi lectura se debería a secretas maniobras del inconsciente en referencia a la existencia de una hermana suya, mayor y muerta.

Tras una pausa, dubitativamente se pasa a clasificar el género de la narración y a juzgar su contenido: «Así al menos reza el cuento, parábola o fábula, como quieran llamarlo, que se ha escrito sobre nosotras. Se lo puede tomar al pie de la letra o no, igual *la moraleja final es de una perversidad intensa y mal disimulada*» (1993: 143; énfasis mío). En cuanto al criterio de verdad, aquellos capaces de dar testimonio ya no existen: «Padre, en el momento de narrarse la historia, ya no estaba más acá para confirmar los hechos. El hada tampoco». Y explica: «un hada que se desdobló en dos y acabó mandándonos a cada una de las hermanas a cumplir con ferocidad nuestros destinos dispares. Destinos demasiados esquemáticos. Intolerables ambos». Y la pregunta movilizadora: «¿Qué clase de hermanas fuimos? Qué clase de hermanas me pregunto. Y otras preguntas más: ¿quién quiere parecerse a quién? ¿Quién elige y por qué?» (1993: 143), a las que empieza contestando:

> Bella y dulce como era, se cuenta —parecida a nuestro padre muerto, se cuenta—, mi hermana en su adolescencia hubo de pagar los platos rotos o más bien lavarlos, y fregar e ir dos veces por día a la lejana fuente en procura de agua. Parecida a madre, la muy presente, tocome como ella ser la mimada, la orgullosa, la halagada, la insoportable y caprichosa, según lo cuenta el tal cuento. (1993: 143-144)

Sin embargo, esa distribución de roles no dura: «Ahora las cosas han cambiado en forma decisiva y de mi boca salen sapos y culebras [...] El problema reside en que ahora nadie me quiere, ni siquiera mi madre que antes parecía quererme tanto. Alega que ya no me parezco más a ella. No es cierto: ahora me parezco más que nunca». Esa mala madre («y eso que nunca digo víbora. Para no ofender a madre») no solo la expulsa de su lado —«fue ella quien me exilió al bosque, a vivir entre zarzas después de haberme criado entre algodones» (1993: 143- 144)—, sino que la maldice y le augura, a diferencia de su hermana casada con un príncipe, un futuro sin amor: «Tú en cambio nunca te casarás, hablando como hablas actualmente "bocasucia", me increpó madre» (1993: 144).

De la boca de su hermana, en cambio, enviada a la fuente y dotada por el hada, surgen «perlas, una esmeralda [...], chorrearon unas rosas y me pregunté por qué no se pincharía de una vez con las espinas» (1993: 145). En su caso, enviada a su vez a la fuente, no encuentra a una vieja desdentada (el hada de su hermana) sino a una bella señora a la que se niega a dar agua. Como consecuencia, se quedará sola en el bosque y de su boca saldrán sapos y culebras. «No me arrepiento del todo: ahora soy escritora. Las palabras son mías, soy su dueña, las digo sin tapujo, emito todas las que me estaban vedadas» (1993: 146). Pero esta liberación tiene como precio la huída despavorida de los hombres; en eso consiste la maldición recibida, aunque, a la vez, ese «aislamiento me enaltece. Soy dueña de mi espacio, de mis dudas —¿cuáles dudas— y de mis contriciones» (1993: 147). En tanto que la hermana permanece en su castillo virginal y sumisa, doméstica y amada, ella deambula por el bosque con sus palabras a cuestas, invencible, rodeada de sapos (que no se convierten en príncipes) y culebras. Y escribe: «Con todas las letras escribo, con todas las palabras trato de narrar la otra cara de una historia de escisiones que a mí me difama» (1993: 147).

Reaparecen aquí la escisión y ambivalencia, constantes en la obra de Valenzuela, ya sea con la hermana real o con la proyección del deseo de su madre, y se cuela en el reportaje con Gwendolyn Díaz, «Femineidad y feminismo me parecen una contraposición falaz, hasta perversa [...] porque se trata de oponer algo que básicamente es semejante. Como en épocas de mi madre, cuando algunas escritoras decían "yo no soy feminista, soy femenina", tratando ambos términos como excluyentes y sirviendo así al mandato patriarcal» (2009: 27).

En suma, esta reescritura autoficcional de «Las dos hadas» representa la relación de la narradora con su hermana mayor y con su madre[13]. Receptora de la maldición/bendición de ser una escritora con sapos en la boca, se ve condenada a refugiarse en el bosque, a no casarse y vagabundear buscando/envidiando el destino de una hermana muerta.

Aunque no en forma extensa, el psicoanálisis ha estudiado la relación entre hermanos/as. En oposición y complemento a lo que se ha llamado el eje vertical, regido por el complejo de Edipo y la amenaza de castración, la feminista británica Juliet Mitchell introduce «the sibling trauma and the law of the mother». Se trata de un nuevo eje horizontal en la relación entre hermanos/as. De acuerdo con esto, el trauma del primogénito/a ante la llegada del hermano/a menor consiste en experimentar al nuevo integrante de la familia como a un intruso que ocupa su lugar y lo desplaza respecto del amor materno. Y será la madre la encargada, mediante la ley de la madre —homóloga a la ley del padre lacaniano— de restablecer la armonía destruida por la rivalidad, la competitividad y la envidia entre ambos. O más precisamente, la rivalidad por los favores del padre y la envidia y competitividad en la relación con la madre. Si así no fuera, y es el caso de los textos de Valenzuela, la hermana mayor desea la muerte de la pequeña, a quien sin embargo debe nutrir como *madre sustituta* a la vez que le cuenta cuentos de horror. En el espacio infernal del cuento la madre es la que intensifica la separación y rivalidad entre ambas hermanas, al ejercer la cambiante preferencia entre una u otra desde una satisfacción narcisista.

---

[13] La crítica en general ha abordado los «Cuentos de Hades» como «deconstrucción descolonizadora». Mi lectura, por el contrario, se centra en la reescritura autoficcional de los mismos bajo un enfoque psicoanalítico.

En otro apartado de Simetrías titulado «Cortes» se incluye «Cuchillo y madre», uno de los textos de Valenzuela más duros sobre la relación hija/madre, centrado en esos *tres* protagonistas y estructurado en varios episodios. El primero, a los cinco años, cuando la bella madre «está arreglándose para salir, como siempre» y la niña, sintiéndose abandonada, juega con la fantasía de clavarse el cuchillo en la *panza* y se dice: «y mi madre después de mi muerte no se va a vestir de negro, mi madre va a seguir usando sus alegres vestidos floreados que tan bonito le quedan. Pobre de mí, ¿quién va a sufrir cuando yo muera?» (1993: 16). La niña crece, es ya una mujer casada y cuando discuten la madre llora y la acusa de querer matarla. «Y el reclamo es una estocada directa al corazón de la hija que al no poder aguantar tanta injusticia, tanto dolor y oprobio, cae de nuevo en la angustia», sintiéndose a merced de un mar con olas que la arrastran, sumergen y la ahogan mientras «La madre se anota un tanto» (1993: 17). Todo esto se torna en una especie de danza con una coreografía repetida que las trasciende y «horada a ambas», hasta que un día la hija logra, finalmente, expresarse libremente:

> sí, le contesta a la madre, y sí, morite. Me lo decís tantas veces que por ahí tenés razón, sí, quizá quiera matarte, al fin y al cabo vos te lo buscás, sí, insiste, quiero que te mueras pero hacelo ya, no me hagas perder más tiempo, no me angustiés más, me estás jodiendo demasiado con esta eterna historia. Morite ya y acabemos con la farsa. (1993: 18)

Sin embargo, en ese juego de poder entre madre e hija (o verdugo y víctima), en esa danza eternamente repetida la madre «sabe salirse con facilidad del papel de víctima cuando este no la favorece»; se recompone, ríe, «retoma su belleza, su encanto, su seducción, su inteligencia, su compasión, su desenfado» (1993: 18) y abraza a la hija, que por un momento se siente liberada. Tiempo después, la imagen de la niña de cinco años y la fantasía del cuchillo vuelven pero «[l]o que no vuelve más es el dolor», y es entonces que «entra por primera vez la percepción de un hilo dorado, elástico, resistente, dúctil, que une a la madre con la hija y se estira [...], maravilloso, persistiendo más allá de la muerte (de la madre), que deja a la hija satisfecha» hasta que la imagen del cuchillo vuelve y la hija reconoce el deseo de matar a la madre en su infancia: «Hasta el instante de lucidez cuando la hija supo que sí, que matar a la madre fue su oscuro deseo en la primera infancia. Un deseo tan atroz e imposible de reconocer que logró disfrazarse de otra cosa» (1993: 19). Deseo y envidia, explica; «envidia de la madre, del vestido, de la panza de la madre, etcétera», en una enumeración psicoanalítica de la compleja relación, y concluye:

> la madre siempre tuvo razón, la hija quiso matarla. Pero no en los tiempos de pelea cuando las palabras se bastaban solas. Debe haber querido matarla en aquel entonces, a los cinco añitos, con el cuchillo simbólico en la mano, y fue tal el espanto de ese deseo inconfensable que el cuchillo —imaginario— se volvió contra la imaginación de la deseante y la cortó para siempre de sí misma. (1993: 19)

El deseo de destruir al otro, al no realizarse, se vuelve contra el deseante como una forma de autodestrucción, y es curiosamente el cuchillo con su simbolismo fálico el instrumento con el que se imagina llevarlo a cabo. En condiciones normales, el apego a la madre (y el odio) se ven reemplazados por la transferencia del afecto al padre, pero en este caso un padre débil y/o ausente no lo hizo posible.

Volvamos ahora a ciertos momentos de la biografía de Valenzuela que, como Doubrovsky, ella documenta autobiográficamente o ficcionaliza mediante la autoficción. Valenzuela cursó la escuela primaria y secundaria en el Colegio Británico, donde adquiere su destreza con el inglés. Aunque se ha resistido a escribir su autobiografía o a que otros la escriban por ella, retazos de su vida —especialmente de su infancia— se cuelan en entrevistas y textos suyos, en especial en uno muy breve titulado *Acerca de Dios (o Aleja)* del 2007, donde encontramos dos recuerdos de infancia[14]:

> El encuentro con el mundo animal desde siempre fue mi lazo con el misterio de la vida. Recuerdo cuando hubo una plaga de langostas en Buenos Aires. Tenía unos cuatro años. La manga entró a la ciudad y el espectáculo era apocalíptico, las calles de mi barrio de Belgrano estaban alfombradas de insectos muertos que crujían a nuestro paso, el aire se volvía espeso con su vuelo. Y en medio de todo ese aquelarre encontré una langosta a la que se le había roto un ala, y me apiadé de ella, y la llevé al patio de casa donde la até de una patita con una lana roja —recuerdo— a una planta. Cuando nuestro perro Rusty la decapitó, lloré desconsoladamente. (2007: 12)

A continuación menciona su atracción por los caracoles de tierra, «los caracoles de tierra que me caminaban por la mano moviendo sus cuernitos que son ojos y dejando su estela plateada» (2007: 12-13). En *Peligrosas palabras* rememora el ámbito escolar:

> Como si fuera ayer me acuerdo de una tarde de inglés en mi escuela primaria cuando teníamos que completar frases, muchas de ellas refranes o consejos para mí desconocidos [...] La única frase en la que me equivoqué la había dejado para lo último a causa de la duda. Decía: «...*before you*...» y las palabras que me quedaban

---

[14] Pablo De Santis, en el texto de tapa, caracteriza así el libro: «Con encanto —que era, para Chesterton, la mayor virtud que podía tener la literatura—, con melancolía, con humor, Luisa Valenzuela traza un *autorretrato* tan concentrado como un haiku» (énfasis mío).

para escoger eran «look» y «leap». Lo pensé mucho. Y decidí que era preferable saltar primero y mirar después». (2001b: 12-13)

En el mismo volumen se incluye otro texto altamente autobiográfico, «Escribir con el cuerpo», donde retoma su interés por los animales como una experiencia signada por el *miedo* («Fui una chiquita que tenía que meter las narices allí donde había miedo. Para ver qué clase de animal era ese. Jugué a la víbora, jugué al caracol o al hipopótamo en un cálido río del Africa». Y se pregunta: «No sé qué loco, qué morboso impulso me llevaba en mi infancia por los largos corredores oscurísimos hasta el hall de entrada de la casa materna, en la medianoche exacta, cuando sonaban las campanadas de ese reloj controlado por las brujas» (2001b: 122). Loco impulso o deseo de aventura que encarnaba en disfraces de aviadora, Robin Hood o exploradora en diversos carnavales, y que la llevaba a trepar por los techos de las casas vecinas, a incursiones por terrenos baldíos o a la exploracióm de casas abandonadas. En este último caso se enfrenta con una experiencia desconocida:

> la casa abandonada —recuerda— tenía un viejo guardián que nos dejaba entrar y era nuestro amigo. Hasta que una tarde, después de explorar los sótanos en busca de pasajes secretos porque a la casa en esos días le tocaba ser casa de espías alemanes o cueva de contrabandistas, no recuerdo bien, el viejo guardián nos recibió con el pantalón desbocado y todas esas cosas extrañas colgándole a la intemperie. (2001b: 125)

Volvamos ahora al proceso de autoficcionalización de esos recuerdos infantiles que reaparecen, ligeramente disfrazados, en la terapia psicoanalítica que tiene lugar en su *novella* (así la llama) *Como en la Guerra*, donde el analista pide que «respeten el trabajo inconsciente de nuestra analizada» (1977: 206), presente en forma fragmentada y dispersa en sus textos. Terapia bastante peculiar: el analista —autodeclarado profesor de semiótica, casado— la visita de madrugada, a las tres de la mañana de lunes y jueves, por ser «el momento de encontrarla en casa, agotada y por eso mismo más dispuesta a revelar sus mecanismos inconscientes» (1977: 208), disfrazado de forma distinta según el día de la semana, y dispuesto a escucharla porque, explica,

> Con alguien tenía que desahogarse, al fin y al cabo, escuchando todas las historias de los otros en el cabaret de enfrente. Ganaba poco con su trabajo de copera y por eso yo no le cobraba nada, *cosa que le hacía perder a mi labor mucho de su ortodoxia pero también mucho de su rigidez dogmática.* (1977: 207; énfasis mío)[15]

El propósito confesado es una investigación que la tiene por objeto.

> Pudimos así empezar este informe científico hablando de su nacimiento, como corresponde [...] teníamos entre manos todas las armas —y el imprescindible interés y la atención flotante— para recabar la información necesaria al estudio de su carácter y conducta, con vistas a una segura acción terapéutica. Necesitábamos, claro, informarnos más acerca de su primera infancia y sobre sus fantasmas para saber fehacientemente si aquello que la impulsa a hacer la vida que hace y aquello que la obliga a escribir con compulsión (grafomanía) responden a una misma causa o son un mismo efecto. (1977: 210-211)

---

[15] Innecesario señalar aquí la crítica a la práctica psicoanalítica tradicional, basada en horarios y honorarios fijos, neutralidad del analista y estrictos límites en la relación con el paciente, todo ello enmarcado dentro de una concepción cientificista.

En la segunda parte de una entrevista a Valenzuela hecha por Ángela Fernanda Vitale y Florencia Vidal Domínguez, publicada por *Lectura Lacaniana* el 4 de noviembre de 2019, y ante la pregunta acerca de su relación con el psicoanálisis, responde «Me analicé poco tiempo», y pasa a referirse inmediatamente a su deslumbramiento con Lacan. «A principios de los setenta viví casi un año en Barcelona y en ese período pasé unos días en París en casa de Lea Lublin, maravillosa pintora argentina. Allí me topé con los *Écrits* de Lacan, el I y el II. Fue una revelación para mí», y aclara: «Entendí una cuarta parte, pero entendí algo de lo que yo buscaba hacer con la escritura. "La instancia de la letra en el inconsciente"..., "La significación del falo", esos dos trabajos me deslumbraron»[16]. En una referencia más personal se refiere a la triangulación analista mujer/ marido analista y teórico y ella como paciente.

Al volver a BAires se me hizo un matete con las historias con mi madre, cosas de mis idas y venidas, mi falta de un lugar en el

---

[16] A partir de ese encuadre teórico escribe varios de los ensayos de *Peligrosas palabras* y también de *Escritura y secreto*. «No hay literatura sin secreto», sostiene en el segundo, y parte del inconsciente freudiano para penetrar el tema del secreto: «el psicoanálisis intenta tejer una red para cazar las pulsiones del llamado inconsciente, ese "descubrimiento" de Freud abarcador de una oculta realidad de incalculable complejidad y riqueza. El Otro de Lacan, el que conserva la secreta memoria del olvido» (Valenzuela 2003: 17). Valenzuela propone múltiples formas del secreto, como tema y formulación, y da numerosos ejemplos. Me interesa detenerme en las referencias que hace a su novela *Como en la Guerra* por ser esta, en más de un sentido, una novela que explora el vínculo entre escritura y psicoanálisis, entre búsqueda y creatividad. Dice: «desde mi personal posicionamiento en el mapa del lenguaje, la escritura es una búsqueda. Por eso *Como en la Guerra* podría ser considerada mi novela paradigmática porque encara la búsqueda de frente. No me resulta nada fácil» (2003: 62).

mundo, esos dilemas. Y le fui a pedir socorro a una amiga que era una excelente analista, Araceli Gallo. Ella me aceptó a condición de que no nos viéramos más socialmente, al menos por el tiempo de la terapia, y a cambio me invitó a asistir a las clases de su marido, Guillermo Maci, que estaba dictando un curso sobre Lacan, nada menos. Guillermo, que tenía formación filosófica además de psiquiátrica, era un libro abierto, deslumbrante en sus exposiciones, clarísimo en la riqueza de todo lo que iba desplegando. Lacan en todo su esplendor, era una gloria escucharlo. Y Araceli a la que llamábamos Chela era una luz interpretando, así que por un tiempo tuve la doble experiencia de la práctica psicoanalítica y la teoría. Mi análisis duró solo un par de años, con baches, los cursos se extendieron por mucho más tiempo. Ojalá hubiera podido incorporar algo de toda esa riqueza a la escritura pero bueno, ya lo dije, nunca puedo partir desde una base sólida. Necesito la cuerda floja para escribir. (Fernández Vitale & Vidal Domínguez 2019: en línea)

El analista de *Como en la Guerra* usa el plural nosotros para referirse a sí mismo[17]. En uno de los encuentros iniciales entre

---

[17] «El momento en que entra Lacan en mi escritura fue en una novela que empecé a escribir en Barcelona: *Como en la guerra*, en la cual el protagonista es como un Lacan paródico que se pretende psicoanalista y habla en un plural no tanto monárquico como lacaniano. Porque por un lado Lacan me fascina por lo brillante y complejo de su pensamiento, y por el otro lado me causa gracia su machismo galopante y ese aire pretencioso que percibo detrás de sus palabras. Y cuando reiteradamente afirma "C'est le cas de le dire" yo leo: "Te lo digo yo". Así, en esa novela, me metí a jugar con ideas pseudolacanianas porque acababa de descubrir a Lacan, y también con el muy abstracto concepto de la disolución del yo, aportado por mi otra lectura de la época, el libro de Alexandra David-Néel sobre las enseñanzas secretas del budismo tibetano. Pero llegado a cierto punto me asusté tanto que tuve que sacarlo volando al protagonista de esa escena» (2019: en línea). En esa misma entrevista se refiere a la relación entre psicoanálisis y creatividad, campo explorado en la relación Doubrovsky/Akeret. Ante la pregunta que le plantean («¿Sos partidaria de que la gente se analice? ¿Consideras que un psicoanálisis modifica en alguna

analista/analizada, el terapista confiesa que no ha tenido fuerzas para disfrazarse y llega con su traje azul, pero ella, «que solo parece comunicarse con seres arquetípicos», lo recibe como si fuera el cobrador del seguro, mientras que, a su vez, «Yo le veo en la cara, en el arreglo de la pieza sus ganas de Mimí Pinzón y le sigo la corriente» (1977: 212)[18]. Para mayor comodidad ella termina sentándose en sus rodillas hasta que siente su erección, se levanta de un salto y cuenta «la historia del amigo de papá» que, aclara, no le ha ocurrido a ella, pero que les permite investigar «esa necesidad tan suya de integrarse a la vida de los otros» (1977: 213). Esa mención *al amigo de papá*, con su carga indirecta de voluptuosidad y transgresión, aparece en *Los deseos oscuros y los otros* cuando la narradora recuerda su «pésima novela de los 18 años con Rodrigo de protagonista»:

> De Rodrigo a los 18 años quise escribir su relación con la vieja casona del Tigre y con su madre, casa y madre, ambas confundidas, igualmente decrépitas y omnipresentes (casa aún más decrépita

---

medida o aporta algo nuevo, a la vida de los sujetos analizados?»), Valenzuela responde: «Ni soy partidaria ni dejo de serlo. Creo que es algo muy personal, pero la introspección que un buen análisis propone puede llegar a ser una aventura más en esto del autoconocimiento que todos perseguimos de alguna manera». Y agrega: «No estoy en absoluto de acuerdo con aquellos literatos de la época de mi madre que pensaban que si uno se metía con el inconsciente (subconsciente, se decía entonces) iba a perder la imaginación» (2019: en línea).

[18] Hay una intertextualidad recurrente en la obra de Valenzuela con el tango, en este caso el titulado «Mimí Pinzón» —una *grisette* parisina con ecos de la novela de Musset. En la presentación de su *Antología personal* escribe: «No es casual que el tema del tango abra y cierre esta colección. Como un amor a Buenos Aires que después de tantas idas y venidas, viajes y disgustos, vuelve a reencontrarse» (1998: 6). Allí también leemos: «Si tuviera que quedarme con solo cincuenta páginas escritas en mi vida, creo que me quedaría con la "novella" *Cambio de armas* y el cuento "Simetrías"» (1998: 5-6).

que madre) y su cama chiquita, casi un catre tirado en un rincón y abandonado. En la novela me acostaba con él, cosa a la cual solo habría de animarme muchos años después. Pero de alguna manera Rodrigo fue mi amante en esa época y la fascinación mutua era enorme, a través de esos 20 años de edad que nos separaban. La novela, claro, era de un melodrama subido. Insoportable. Después (más o menos durante) lo conocí a Enrique, otro cuarentón muy atractivo, y también con él de protagonista escribí un larguísimo cuento «desgarrador». Y también con él me encamé años después. (2002: 41-42)

Esta relación con hombres mayores aparecerá en otro texto suyo de autoficción, *La travesía* (2001a), donde la protagonista, una antropóloga, viaja por el mundo subsidiada por un marido mucho mayor que ella que le exige, a cambio, el envío de cartas conteniendo extensas descripciones de su vida sexual (volveré sobre esto).

En *Como en la guerra*, a semejanza de *La Travesía*, reaparece el hombre mayor como padre sustituto, proyectado aquí en el psicoanalista oculto, como vimos, bajo diversos disfraces y máscaras (también su paciente) en los encuentros entre ambos. Respecto del amante/analista, eternamente «otro» merced a los disfraces, leemos: «Hablamos de comidas sin dejar de lado la gula que tanto parece importarle y ella confesó no sin cierto embarazo que sus comidas favoritas a los tres años de edad era los mejillones y los hot-dogs», un recuerdo que el analista califica de «escena primitiva, siendo las salchichas el padre y los mejillones la madre» (1977: 216). En otra ocasión el analista se queda solo en casa de ella y aprovecha para revisar los cajones donde encuentra «cantidad de libretas, de todos los colores y de diversos tamaños, cubiertas por una escritura despareja», de la que «un grafólogo hubiera dicho dicho carácter inconstante, ciclotimia, tendencia a los terrores nocturnos», preguntándose «¿Habría detectado la esquizofrenia detrás de todo esto?» (1977: 218). Esa misma noche ella habla de su escritura y reflexiona:

> Acaso un escritor ¿qué tiene? ¿Es capaz por momentos de darle al analista el material más noble, el execrable que puede abrir las puertas hacia otras memorias? ¿El escritor es Sésamo? Es entonces palabras, es el sesamoábrete detrás del cual nos encontramos a merced de los otros para dicha de todos. No es que se deba creer en la omnipotencia ni en las facultades mágicas ni en esos cachivaches; tan solo para dejarse llevar por la corriente, disgregarse en el otro. (1977: 219)

Aunque ella juega a desconocerlo, sabe que es siempre el mismo hombre bajo múltiples disfraces; sabe también que es capaz de despertarle infinidad de sentimientos encontrados. Reaparecen aquí, en la dupla analista/analizada, la misma ambivalencia y ambigüedad presente en la relación amorosa (*Diarios de Nueva York*, *Novela negra con argentinos*, *La travesía*), o sea, lo que en términos estrictamente psicoanalíticos sería transferencia positiva y negativa junto a su equivalente contra-transferencial. Por ejemplo, un día en el que el analista la visita sin disfraz tiene lugar una transferencia negativa: «Sigue mirándome después de abrir la puerta y después y después, y creo que los cincuenta minutos de mi tiempo que regularmente le concedo van a transcurrir así, en contemplación mutua; en una ola de odio que fluye de sus ojos» (1977: 24). En dicha ocasión la disfrazada es ella, manchada de rojo, calzando guantes rojos, expresando su deseo de pintar las paredes color sangre de toro. Al final de la sesión le entrega una hoja escrita a máquina, «como un don» (en clara referencia analítica al don del niño a la madre de sus deposiciones o del creador al analista)[19]. En el capítulo siguiente la protagonista es Beatriz,

---

[19] Recordemos aquí la extraña conducta de Akeret, retardando la lectura

la mujer del analista, que noche tras noche finge estar dormida cuando él sigilosamente deja la casa para visitar a la otra, hecho que debido a su regularidad no la inquieta: «Los lunes y los jueves salía sigiloso y estaba de regreso a las dos horas; la regularidad le daba a sus salidas un carácter austero», hasta que «una noche de calor inaudito, noche roja» —y martes— ocurre lo contrario: «Primera vez que Beatriz se inquieta: la rutina rota, la traición a la regla establecida le producen un ardor incomprensible en la boca del estómago» (1977: 227-228). Desde una tercera persona que representa la mirada de los otros, la protagonista aparece retratada como una prostituta de poderes maléficos, bruja, castradora y, a la vez, con conciencia social (convence a las otras prostitutas de que armen un sindicato).

En esa danza triangular entre la prostituta, el amante/analista y su esposa Beatriz, es la esposa la que sufre encerrada en la casa, imposibilitada de salir de noche «porque ese es el dominio de su marido y teme invadir territorios, infringir la norma» (1977: 237). En la casa espera y desespera, sufre «en telenovela» hasta que él vuelve «ojeroso al hogar, a las tres de la tarde» y le dice que no debe desconfiar de él, puesto que todo lo que hace es «en aras del conocimiento» (1977: 242). Así se lo explica:

> entonces el demonio de la vocación se apodera de nosotros y debemos dirigir nuestros pasos hacia ciertos tenebrosos seres que reclaman nuestro análisis. El estudio de los antedichos caracte-

---

de la carta de Doubrovsky en respuesta a su pedido de un encuentro entre ambos para su libro. Conducta similar, confiesa, a la de su paciente en la infancia en relación con el control de sus movimientos intestinales bajo la vigilancia de su madre. Podría entenderse el don con una doble significación de excremento y obra producida. Veáse más adelante el texto del mismo Guillermo Maci, su psicoanalista, sobre la *novella* de Valenzuela en la que él es protagonista e intérprete al mismo tiempo.

res me roba horas de sueño, me corroe las entrañas, no me deja sosiego; saber que se trata de una noble tarea de la que se ha de beneficiar todo el género humano en general y aquella que analizo en particular me impulsa sin embargo a seguir adelante sin reparar en sacrificios. (1977: 243)

Tras esta larga tirada paródica en la que la científica y humanitaria práctica analítica encubre el placer personal, el marido/analista se va a dormir mientras Bea, su mujer, trata de reconstruir la verdad de la narración que él, fragmentaria y censurada, le ha proporcionado. En el apartado siguiente, el psicoanalista/amante/marido reflexiona acerca de su peculiar paciente, a la que califica como mutante y como «profesional del amor». Reitera la pseudo-motivación que lo impulsa —«Mi espíritu científico me lleva a buscar a los seres como ella, también mi espíritu científico me lleva con dolor a tratar de desarmar el mecanismo» (1977: 245)—, a la vez que celebra haber contagiado a su esposa el entusiasmo por la investigación, obteniendo así su colaboración en la tarea de transcribir las grabaciones. Comprueba también que, tras conocer a su paciente, lleva una doble vida, dividida entre el quehacer cotidiano de la cátedra y sus estudios, y las noches en lo que llama la «guarida» de su amante. «Me siento demoníaco; a veces oigo voces y es como si quisiera apoderarme de ella, engullirla, incorporarla a mí y conservarla», o se pregunta si lo inverso no es también cierto, «si no es ella quien quiere instalarse dentro de mí y poseerme. He aquí otro motivo de preocupación y estudio» (1977: 247). El tópico del canibalismo, recurrente en la obra de Valenzuela, reaparece aquí en la relación analista/analizada, evocando la *jouissance* lacaniana con su mezcla de placer y dolor.

En las grabaciones aparecen sueños de la analizada en la casa paterna, sus temores nocturnos, corredores de piedra y un reloj de pie, una puerta de madera pesada (todo esto recuerda menciones autobiográficas en otros textos de Valenzuela) que, en el momento de transcribirlos, lleva a Beatriz a preguntarse si su marido «no le dará a ella alguna droga para hacerla tan lúcida y a la vez tan hermética (queremos ver a través de su cuerpo opaco, en una de esas conseguimos alguna información, una revelación... (1977: 251). Mientras tanto el esposo/amante/analista persevera en su investigación, que califica como «un elemento valioso para el estudio, un ejemplar poco común...», al tiempo que lamenta «no tener en esta ciudad nadie capaz de hacerme un control de análisis» (1977: 253). Continuando con la parodia de la práctica psicoanalítica más ortodoxa, la referencia en este caso es a la supervision de casos por un colega.

La narración está estructurada con monólogos interiores de los tres protagonistas, entrecruzados con remiscencias, asociación libre y, en el caso de ella, sueños. Todo debidamente registrado, compilado, ordenado por Beatriz y su esposo, quienes empiezan a detectar pistas, repeticiones, olvidos:

> Él y Bé empezaron a percibir que había más cosas ocultas en la vida de ella de las que era dable imaginar, no la noche después de narrados los dos sueños sino más adelante cuando *se le escapó la palabra hermana* aunque bien que se cuidaba al respecto pero no lo suficiente como para evitar cierta modulación de la voz, un tono o algo así que señaló el juego de espejos fallados, de espejos que devuelven la imagen de algún otro/a. (1977: 260; énfasis mío)[20]

---

[20] Nuevamente la referencia, casi reprimida, a la hermana. Conviene señalar que en otras secciones hay referencias a la hermana y a Alfredo Navoni que nos reconduce a su manuscrito, «engavetado» y posteriormente publicado, *Cuidado con el tigre*. Allí, en «El Eslabón Perdido. A manera de postfacio» leemos: «Hay otro punto que me induce a tenerle aprecio a esta vieja novela: aquí nace un protagonista, Alfredo Navoni, que más adelante se me colará en *Como en la Guerra*, donde aparece casi como fantasma (el fantasma de ese fantasma indiscutido que es su propio personaje) quizá porque sobre-

Tras la separación del analista/amante y su paciente, a él le vuelven los recuerdos, los celos del otro que ahora la acompaña, el deseo y la curiosidad acerca de lo que engendraron juntos: «unos escalones más y ya sabré qué oculta esta maldita casa y también sabré cuál ha sido el fruto de mis noches con ella, fruto a horario» (1977: 285) —o sea, el fruto de la terapia.

Del mismo modo que en el capítulo dedicado a Doubrovsky hubo un apartado dedicado a su analista americano, Akeret, ficcionalizado en su narrativa, conviene ahora referirse al analista real, ficcionalizado en la novela de Valenzuela que estamos analizando, y hasta darle la palabra presentando su texto «The symbolic, the imaginary and the real in Luisa Valenzuela's *He who searches*» (título en inglés de *Como en la Guerra*). Se trata del argentino Guillermo Maci, filósofo y psicoanalista, quien fuera profesor en la Universidad de Buenos Aires, Mar del Plata y Rosario y discípulo de Lacan, quien presentó su tesis doctoral, en Francia. Presencia importante en instituciones psicoanalíticas argentinas, y también parte del «campo lacaniano» en París, Maci es autor de varios libros, entre ellos *Los ilusionistas del poder*, *La otra escena de lo real* y *Yo mismo y Yo*.

Me interesa detenerme ahora en el comentario de Guillermo Maci sobre el texto de Valenzuela. En el primer apartado, historia y narrativa, comienza reiterando conceptos lacanianos de no saber lo que se sabe, de la difuminación de límites entre conocimiento e ignorancia en el caso del discurso del paciente —«it is a case of the rhetoric of the unconscious» (1986: 67). Pasa luego a referirse al analista y su nombre, AZ, con multiplicidad de significados: fonológicamente, asceta; por extensión de todo el alfabeto, potencial infinito de la letra en oposición a la limitación

---

vivió al olvido de su propia novela e insistió en cobrar sustancia de una forma u otra» (2011: 208).

del código; infatuación de aquel que sabe todo aunque se pierda en el camino; feminización de AZ en sus disfraces y travestismo, que resultan en figuras diferentes «which, like ghosts, project mirror like images, reflections of a lost identity» (1986: 68). El segundo apartado se titula «Los tiempos de la historia» y comprende un primer tiempo —el del descubrimiento, que es el que me interesa, dado que mi análisis de la *novella* como ejemplo de autoficcionalización, se concentra en la etapa referida a la relación analítica entre la mujer y AZ—. Con un vocabulario absolutamente lacaniano Maci analiza la persecución de AZ del Otro (la mujer) como reflejo suyo que cree poseer, y cómo la relación analítica gira en torno a la lucha por el control de ese otro que se le opone y que imagina le pertenece para comprobar, al final, que lo único que conserva es la cinta grabada. El siguiente apartado, titulado crípticamente «La proporción pitagórica y la letra», ve al texto como un reflejo especular distribuido en dos mitades proporcionales aunque no complementarias: el descubrimiento y la pérdida, el viaje y el encuentro bajo la forma de «mirror like fascination». Como he omitido la inclusión de las otras partes de la *novella* referidas a la búsqueda y viaje del analista siguiendo las huellas de ella como guerrillera y su iluminación final, no me detengo en los comentarios de Maci al respecto en el apartado titulado «Las dos escenas: lo Imaginario y lo Simbólico» para retomar mi comentario en la sección final, «Políogo de la narrativa». Aquí Maci define la narrativa de la *novella* como un prisma que refracta los múltiples discursos del texto, revelando lo que llama densidad polilogal (polylogal density), en la cual el sujeto de la palabra y el lenguaje se constituyen mutuamente. Todo ello en espacios diversos: de descubrimiento, de pérdida, de viaje y de reencuentro, combinados polifónicamente. Esos espacios constituyen lo que él llama «variantes del texto», que, alternándose, adquieren diferentes valores, y que, al avanzar la narrativa, toman posición de dominio sobre otras. Según Maci, «The discourses are the true protagonists who develop the drama of the story upon the dense surface of the text. It is a *textual theater*, like a variant of that inspired by Artaud» (1986: 71)[21]. A continuación Maci vuelve a centrarse en «el descubrimiento», la sección mayor compuesta de una pluralidad de niveles discursivos: la cita organizada como la reflexión del otro; el enunciado reflexivo impersonal; la objetivización de la primera persona plural; enunciados en cursiva como reflejos especulares; el discurso paranoico con la estructura de perseguidor/perseguido; el uso de minúsculas al comienzo de la oración simulando un continuo fluir: «the physiognomy of a continuous flow where each phrase emerges from an earlier discourse and is destined to reiterate it, like an echo of something silently said. There is no absolute beginning» (1986: 73). En esta pluralidad de discursos que se muerden la cola, como en la imagen tántrica o en los mitos prehispánicos, Maci reencuentra la interacción dialéctica analista/analizante bajo la óptica lacaniana.

Tras este largo *detour* por *Como en la guerra*, texto autoficcional fundamental dentro de la obra de Luisa Valenzuela, me interesa volver a *Peligrosas palabras* para retomar algunos cabos sueltos. En relación a su interés por la escritura, Valenzuela retorna a su madre, como el centro del «Bloomsbury porteño —en palabras de Fernando Alegría— una definición no tan desatinada como parece». Y brinda algunas precisiones: «En nuestra casa del barrio de Belgrano, una esquina blanca, colonial, de rejas de hierro forjado y arcadas, los habituales se llamaban Borges, Sábato, Mallea, Nalé Roxlo. Mi madre, la escritora Luisa Mercedes Levinson,

---

[21] No hay que olvidar el origen teatral de varios textos de Valenzuela: *Novela negra con argentinos* o *Realidad nacional desde la cama*, por ejemplo, o la inclusión del teatro dentro de su narrativa autoficcional.

era el ser más sociable del mundo cuando no estaba en la cama escribiendo» (2001b: 124). Y en una evocación más íntima, con ecos del beso nocturno de Proust, explica: «De chica yo la miraba desde la puerta, ella en su pieza en la cama hasta el atardecer cuando llegaban los otros» (2001b: 124). Esa madre escritora, capaz de contar y escribir historias que seducen a otros, pareciera no haber sido capaz de contar historias a su propia hija, ya sea para consolarla en su soledad o para hacerla comer. Otro recuerdo donde se enlazan madre y escritura es el siguiente:

> Y pensar que la culpa de todo la tuvo mi madre la escritora. No por su ejemplo o por emulación —que también reconozco—; tuvo la culpa porque estando yo en sexto grado de la escuela primaria mi maestra le pidió que me ayudara con las composiciones. Su hija es tan brillante en ciencias, le dijo la maestra, es una pena que su nota baje porque no puede escribir. Entonces mi madre, exagerando la ayuda, me escribió una composición como ella pensaba que lo haría una niña de tiernos once años. No me pareció un texto demasiado digno. Desde ese momento decidí asumir la responsabilidad de mis escritos. Y así va la cosa. (2001b: 126-127)

En medio de un cálido homenaje a Rodolfo Walsh, quien intentara enseñarle las flexiones y los duros ejercicios físicos que practicaban los guerrilleros cubanos en la Sierra Maestra, se filtra otro recuerdo de su madre, cuyas palabras reproduce: «*La mando a un colegio inglés para que juegue al hockey; no quiero que mi hija sea una intelectual grasosa* había dicho alguna vez mi madre. Desde entonces la gimnasia no fue mi fuerte» (2001b: 129; énfasis mío). Esa infancia alejada de los deportes, entusiasmada por la ciencia y en apariencia con carencia de talento literario propio, desemboca en un «misticismo bastante acérrimo», cuya descripción ocupa varias páginas de *Acerca de Dios*. Leemos:

Viví el casi inevitable tránsito por un misticismo bastante acérrimo. Nunca completo, no. En mi casa nadie me dio el espaldarazo, empezando por Mimí, doña Mercedes Jové Martí de Levinson, mi abuela materna que como buena española —catalana para colmo— era más bien comecuras. Eso que a mi hermana Helena, diez años mayor que yo, la bautizó el Cardenal Pacelli cuando vino a Baires a un congreso Eucarístico. (2007: 16-17)

Ubica ese «fervor místico» entre los trece y catorce años y recuerda que rezaba en alemán, al cuidado de «Ida Wernicke, alma y factotum de la casa de mi madre, maravillosa mujer que me crió, hija de colonos entrerrianos, protestantes, que cada noche me hacía repetir fonéticamente algo que después supe quería decir Soy pequeña, mi corazón es grande [...] y en él solo hay lugar para Jesús» (2007: 18)[22]. Eso contrasta con los terrores de la casa de Belgrano, con un reloj de pie y una mítica águila de dos cabezas que la fascinaban. A lo que añade: «Además mi hermana Helen [sic], fallecida a sus veinte y mis diez años, solía leerme cuentos de terror a la hora de la cena para hacerme comer» (2007: 19). Ante ese misticismo suyo, «mi madre tenía esas cosas, dice, a su manera, pero mi padre era el de verdad devoto», y agrega: «También a su manera. Pablo Francisco Valenzuela, médico, murió cuando yo tenía quince años» (2007: 19-20). Pero fue tras la muerte de su hermana, recalca, cuando «los santos empezaron a proliferar por la casa. San Martín de Porres era el favorito. También se hablaba de espiritismo, mi desolada madre buscaba todos los consuelos posibles» (2007: 20). Entre ellos, el viaje juntas a Copahue, «donde se asentó mi panteísmo» (2007: 20).

---

[22] Ida es mencionada en *Los deseos oscuros y los otros* cuando cuenta su compra, «en honor de quien me crió» (2002: 209), del libro homónimo de Gertrude Stein.

A los veinte años Valenzuela se casa por la iglesia, «con vestido blanco marfileño, para no engañar a la amable concurrencia» (2007: 21), y se va a vivir a Francia con su marido, donde tiene una hija, Anna Lisa. Durante su estadía en Francia, usando como modelo las prostitutas del Bois de Bulogne que vivían en su mismo edificio, escribió su primera novela, *Hay que sonreír* (*Clara* en la traducción al inglés). En 1961 regresa a Argentina y entra a trabajar como periodista en el diario *La Nación* y en la revista *Crisis*. Es entonces cuando empiezan sus viajes, su descreimiento en la existencia de Dios y su práctica de meditación, su panteísmo y la creencia en la sacralidad de todas las cosas. Viajera impenitente, vuelve a Europa y en 1969 recibe la Beca Fulbright para participar en el Taller Literario Internacional de la Universidad de Iowa, donde escribe su segunda novela, *El gato eficaz* (*Cat O'Nine Deaths*). Valenzuela vivió también en México y Barcelona; es en esta última ciudad transcurre su novela *Como en la Guerra* (*He who searches*). En 1973 regresa a Argentina, y en 1979 deja nuevamente el país y vive como exiliada en New York hasta 1989. Allí imparte talleres literarios en la Universidad de Columbia y literatura en New York University, a la vez que participa activamente en la vida política e intelectual como miembro del Pen Club, el New York Institute for the Humanities, Amnistía Internacional y el Comité de Censura. Conoce y se relaciona con figuras importantes: la escritora y ensayista Susan Sontag, su hijo David Rieff (editor), la escritora Erica Jong, el escritor ruso Joseph Brodsky (todos ellos presentes en *Los deseos oscuros y los otros*).

Su amigo más íntimo durante su vida en New York fue Bolek Greczynski, a quien dedica *Novela negra con argentinos* (1991b) y a quien transforma en coprotagonista de la novela autoficcional *La travesía* (2001). En ocasión de una entrevista que le hice en Buenos Aires en 1991, interrogada acerca del destinatario de la dedicatoria de *Novela negra con argentinos*, me explicó que se trataba de un artista plástico polaco amigo suyo, y me dió su número de teléfono en New York. Cuando lo llamé, me sorprendió la fuerza y vivacidad de su respuesta, seguida del envío de varios recortes periodísticos y programas de exhibición junto a una nota manuscrita donde Bolek me contaba de la amistad entre ambos, del proyecto de una novela epistolar a cuatro manos (que nunca se concretó) y de una carta escrita por Valenzuela que formaba parte de *White Sale: Revolution Denied*, una instalación múltiple presentada en SUNY. Subraya, al respecto, el párrafo —«review of Luisa's letter incognito»— en uno de los recortes que me envió del *New York Times* del 25 de noviembre de 1990:

> Behind it [se refiere a un objeto antropomórfico titulado «Revolution Bound (Human Chair)»], on a black-painted board, the text of a letter to Mr. Greczynski speaks of confidences violated, hidden feelings unmasked and fantasies relinquished. The need to connect and share with other can have cruel consequences, it implies; yet even misunderstanding is preferable to no communication at all, with is the fate of the effigy I the chair.

Me detengo en esta carta de Bolek, que contiene la carta enmascarada de Luisa y la indirecta alusión a la relación entre ambos, porque es un elemento fundamental en el argumento y la textura de su novela *La travesía*. Como ya mencioné, en *La travesía* aparece una serie de cartas eróticas que la protagonista ha ido enviando desde el extranjero a su ex-marido argentino como pago por la subvención de sus viajes —cartas encontradas al azar por Bolek en un departamento en Buenos Aires, donde realizó una exposición. Esas cartas son recobradas por Bolek y depositadas en una valija que queda al cuidado de uno de los enfermos mentales en Creedmoor Psychiatric Hospital, donde Bolek, artista en residencia, había creado un programa de terapia por el arte. Las cartas constituyen el nexo que lo une a la protagonista, una antropóloga, en una relación compleja que incluye el chantaje emocional, la complicidad y la memoria de un pasado político semejante. También los une la marginalidad, la capacidad creativa (desarrollada en uno y potencial en la otra) y el amor por la libertad en todas sus manifestaciones.

En otro de los recortes que me envió Bolek hay un artículo de la propia Luisa, aparecido en junio de 1986 en *The Village Voice*, que es a la vez origen seminal y parte de la novela. Allí leemos: «There is a line that connects Poland with Buenos Aires and Creedmoor. It's made of art. It's is also of madness, in all its aspects. The line has a name: Bolek Greczynski». Y más adelante, ya en franca referencia al centro de tortura, dice: «The Polish artist came to the city —eight months later he opened a show. Not in an art gallery or a museum. But in the dome where he was living: an old tower four floors tall, with windows and a terrace overlooking another gigantic dome: of the National Congress». Pasa luego a referirse al homenaje que Bolek brinda al pintor alemán Matthias Grünewald, y explica: «The Crucifixion from the Isenheim altar was a pretext for a complex installation that could be read as a denunciation of the tortures and abductions of the Buenos Aires of the times». Y concluye el artículo con un paralelismo entre la actividad de Bolek en Buenos Aires y New York, que ha de constituir la columna vertebral de su novela, y la suya propia: «If in Buenos Aires, Bolek Greczynki created an homage to a dead artist as a metaphor for the "disappeared", in Creedmoor, the implications are quite different. It is not a fight to the death as the earlier one. It is a fight for life». En este artículo se encuentra, repito, la simiente y el nudo central de *La travesía*, donde se narra la acción de la memoria individual —ya que esas cartas son el nexo que une a la protagonista, *alter ego* de la autora, con su juventud y su país— y también colectiva, porque a partir de ellas se establece el vínculo entre el horror real y la obra de arte que lo representa. La narración se desarrolla predominantemente en dos espacios: la Argentina que la protagonista se ha visto obligada a abandonar y el hospital psiquiátrico neoyorquino, Creedmoor, ambos regidos por la locura y el miedo junto a la cura por medio del arte. De ese modo el arte se funde con la vida, un arte que parte de y va hacia la vida en busca de autoexpresión y cura.

Tanto *La travesía* como los otros libros de Valenzuela aquí analizados son ejemplos de lo que Doubrovsky denominó autoficción, y que François Chiantaretto resume así: «texts publiés, dans lesquels la relation d'identité entre l'auteur et le narrateur est contractuellement garantie au lecteur, le project d'écrire sa cure explicité en terms auto-réferentiels et donnant lieu a une dominance thématique au moins relative de la cure dans le text consideré» (1995: 165). Tanto la antropóloga exiliada y en travesía constante mediante la memoria como Bolek y sus «locos» están directa o indirectamente involucrados en un proceso de remoción de escombros, de recuperación y aceptación del pasado para destruir el miedo y acceder a una vida más libre y plena:

> Tirada sobre el piso abre lo brazos en cruz y grita a todo pulmón. Sabe que nadie en esta ciudad de seres que hablan solos y de desaforados ululantes se va a alarmar por un grito más o menos. Sus vecinos la seguirán saludando amablemente como siempre y le dirán como siempre Have a Good Day, y ella teniendo hoy un día de mierda con los brazos en cruz sintiéndose Ana Mendieta, la que estampó su cuerpo en la arena, en la nieve, en el lodo, formas del body art o del sello corporal y del minimalismo hasta que cierto día no tan lejano lo estampó en el asfalto de un vez para siempre. (Valenzuela 2001a: 173)

Como en Doubrovsky, y como suele pasar en la mayoría de los textos autoficcionales, la intertextualidad es una constante en la obra de Valenzuela, con referencias tanto a la literatura como a las artes plásticas. En *La travesía* aparecen «los colchones con planos de ciudades ominosas hechas para recorrer durante el sueño, calles de pesadilla de su compatriota Kuitca» (2001a: 20); los collages de Kurt Schwitters; las salpicaduras de Jackson Pollack; la máquina de la memoria de la argentina Hebe Solves; las obra del propio Bolek y sus discípulos; máscaras pertenecientes a culturas diversas; *les objets trouvés* de Marcel Duchamp; prácticas rituales mexicanas y también de los indios americanos. En cuanto a la intertextualidad literaria reaparece el omnipresente Cortázar, así como textos escritos por mujeres que ofician de modelos: Anaïs Nin, Virginia Woolf y Erica Jong (en su doble función de inspiración y personaje). Esa intertextualidad, como se ha visto, toma también la forma de intratextualidad cuando Valenzuela vuelve cíclica y obsesivamente a otros textos suyos.

En cuanto a la cura, que es parte del proceso creativo, para la antropóloga protagonista consiste en la práctica erótica real en New York en vez del «sexo oral» de las cartas fraguadas, cuya escritura y envío le fuera impuesto por el ex-marido perverso a cambio de sus viajes por el mundo. Y esa práctica sexual real tiene como sujetos/objetos a un negro, a un profesor de historia y a un profesor de medicina que aparecen/reaparecen. Personajes que, con ligeras variantes, también están presentes en los cuadernos de New York, donde su carácter de diario íntimo atestigua el valor referencial, más que ficticio, de la narración.

Y es aquí donde se cierra ese espacio del círculo autoficcional que cubre varios de sus textos y de sus aliados en el proceso creativo —Bolek, el artista y terapeuta, y Maci, terapeuta y ensayista, integrados y fagocitados como tantos otros en la obra de Valenzuela. Aunque, como se preguntaba Doubrovsky, en la terapia y en el amor ¿quién come a quién? Lo mismo sucede, al parecer, en la literatura, o al menos en lo que hemos llamado autoficción.

Texto/intertexto/intratexto
La narrativa autoficcional de Cristina Peri Rossi

I.

> [Bakhtin's conception of the literary word is] an intersection of textual surfaces rather than a fixed meaning, as a dialogue among several writings: that of the writer, the addressee and the contemporary or earlier cultural context.
>
> Julia Kristeva

> Hay tantos discursos sobre la realidad, y a lo mejor la realidad no es más que los discursos sobre la realidad. Y antos discursos sobre la realidad pueden sumar una visión más compleja sobre la realidad.
>
> Cristina Peri Rossi

> Mi propósito no es repetir su historia. De los días y noches que la componen, solo me interesa una noche; del resto no referiré sino lo indispensable para que esta noche se entienda. La aventura consta en un libro insigne; es decir, en un libro cuya material puede ser todo para todos (*I Corintios* 9; 22), pues es capaz de casi inagotables repeticiones, versiones, perversiones.
>
> Jorge Luis Borges

La crítica literaria coincide en señalar que la primera vez que se usó el término *intertextualidad* fue en «Bakhtine, le mot, le dialogue et le roman» (1967), donde Julia Kristeva proponía la noción de texto como lugar dinámico en el cual tienen lugar procesos y prácticas relacionales, retomando e introduciendo en Francia el *dialogismo* de Bajtín en cuanto a la palabra. En su caso, al parafrasear a Bajtín Kristeva introduce, entre paréntesis, la palabra *texto*: «Each word (text) is an intersection of other words (texts) where at least one other word (text) can be read» (1986: 66). El dialogismo, según Bajtín, aparece no solo en referencia al yo y el otro mediante un diálogo constante entre el ser humano consigo mismo y con los otros, sino también con el mundo entendido en su doble aspecto de naturaleza y cultura. Como consecuencia, los textos no pueden existir como entidades autosuficientes sino que, retomando a Bajtín, dice Kristeva: «any text is constructed as a mosaic of quotations; any text is the absorption and transformation of another. The notion of *intertextuality* replaces that of *intersubjectivity*, and poetic language is read as at least *double*» (1986: 66). Es necesario agregar que Kristeva reescribe las ideas de Bajtín dentro del contexto político, filosófico y psicoanalítico francés de ese momento, y sobre todo del grupo *Tel Quel* (Marx/Althusser, Husserl, Derrida y Freud/Lacan).

Y en ese sentido va la reescritura/intertextualidad a la que alude Borges en su uso del *Martín Fierro*, «objeto de inagotables repeticiones, versiones, perversiones». En otro lugar me he referido a la intertextualidad en Borges no solo en su reescritura del poema gauchesco («El fin» y «Biografía de Tadeo Isidoro Cruz»), sino en el paradigmático «Pierre Menard, autor del Quijote», y en menor medida en «La flor de Coleridge». Textos estos que Peri Rossi conoce bien y algunos de los cuales menciona en entrevistas —por ejemplo, la reiterada predilección de Borges por «una literatura sin nombres» (que filia en Paul Valéry), Peri Rossi la retoma en un reportaje con Gema Pérez Sánchez cuando afirma: «yo digo en serio que en este momento de mi vida publicaría mis libros sin nombre» (1995: 65). O cuando retoma, en «Acerca de la escritura», otra recurrente afirmación borgeana en relación con el limitado número de metáforas y su infinita reescritura: «Todo se ha dicho ya y todo se vuelve a decir de otra manera. Ese era el trabajo que, según él decía de sí mismo, hacía Borges» (Peri Rossi 1991a: 15).

II.

> Si el exilio no fuera una terrible experiencia humana, sería un género literario. O ambas cosas a la vez. La etimología de la palabra es muy expresiva: ex significa, precisamente, quien ya no es, ha dejado de ser. Es decir, quien ha perdido toda o parte de su identidad. El exilio cuestiona en primer lugar la identidad, ya que desvincula de los orígenes, de la historia particular de una nación, de un pueblo, desvincula de una geografía, tanto como de una familia, de una calle, de una arboleda o de una relación sentimental.
>
> Cristina Peri Rossi

> Not belonging to any place, any time, any love. A lost origin, the impossibility to take roots, a rummaging memory, the present in abeyance. The space of the foreigner is a moving train, a plane in flight, the very transition that precludes stopping. As to landmarks, there are none.
>
> Julia Kristeva

El tema central de la narrativa, y de la poesía, de Cristina Peri Rossi es el exilio. Exilio de un lugar geográfico, de un momento histórico, de una lengua y de una normatividad sexual. Incluso más: exilio de la vida mediante el refugio en el arte. Sabemos que Peri Rossi (Uruguay 1941) se exilia de su país antes del golpe militar de 1973, dejando atrás su ciudad, Montevideo, su familia y amigos, libros y posesiones. Abandona, o mejor dicho se ve obligada a abandonar, como explica en *Estado de exilio o ida y vuelta*, no solo un lugar geográfico sino también una identidad sociopolítica y cultural: «El exiliado es un ser desplazado en el tiempo y en el espacio» (Peri Rossi 2003b: 18). Deja atrás lo que se ha llamado «nuestros años sesenta», cuyo imaginario estaba poblado por figuras como la del Che Guevara y la Revolución cubana, Mao y Trotsky, por el cine de la *nouvelle vague* y el *nouveau roman*, por el existencialismo francés y el surrealismo, o por autores como Virginia Woolf, Joyce, Beckett, Faulkner, Kafka y la literatura norteamericana. En la entrevista con Gustavo San Román en 1992 Peri Rossi se explaya al respecto:

> para mí el exilio ha sido una reflexión obligada sobre lo otro, otro tiempo y otro espacio. Cuando yo llegué aquí, tenía 29 años, y España me pareció horriblemente atrasada con relación a de donde veníamos nosotros. Aquí no habían leído a Virginia Woolf, no sabían quién era Salinger, no habían leído a Dylan Thomas. Es decir, el mundo referencial de uno no estaba —no habían leído a los existencialistas, no habían visto las películas que nosotros habíamos visto... Yo sentí que había viajado en el espacio y que viajando en el espacio había viajado en el tiempo. (San Román 1992: 1042)

La nave de los locos (1986) es la novela del exilio que, bajo la forma de una larga y azarosa travesía (de sus 21 capítulos, 18 tienen el subtítulo de *viaje*), lleva a Equis, su protagonista, a través de ciudades, seres y experiencias diversas. En el texto los azares de la travesía se alternan con la descripción de «El tapiz de la creación», que, bajo la forma de intertexto (narrativa/arte), representa la búsqueda de la armonía en oposición al caos, la búsqueda de la unidad como lo opuesto a la fragmentación. Así lo reconoce Peri Rossi en entrevista con Ana Perez Fondevilla, cuando se refiere a la recurrencia de la pintura en su obra, «que se puede rastrear desde mi segundo libro, *Los museos abandonados*» (2005: 188).

En otro lugar he señalado la presencia de juegos linguístico-humorísticos con textos de Borges, Cortázar, Luisa Valenzuela, Milan Kundera, Valéry y letras de tango —entre otros— mediante los cuales Peri Rossi no solo solicita la colaboración de un «lector cómplice» (como hace Cortázar en *Rayuela*) sino que apela también al inconsciente colectivo de aquellos lectores que comparten el mismo acervo cultural rioplatense. Por otra parte la inserción de «El tapiz de la creación», ubicado en la Catedral de Gerona, inscribe el texto y sus lectores en otra dimensión espacio-temporal que mima, en cierta forma, la dualidad en la que se inscribe Peri Rossi. En una entrevista con Psyche Hughes, Peri Rossi reconoce la recurrencia de los museos y de las obras de arte en su obra, y entre sus múltiples significados señala: «They indicate the dream of crystallizing time and space. What attracts us when we enter a museum is exactly the fact that we are confronted by the most positive aspect of humanity: its creativity» (1984: 266), y más concretamente, «The crystallization involved in a work of art, a painting or a poem is a way of comforting, of protecting us from the essential anguish which is created by the sense that all is transitory, all is ephemeral» (1984: 266).

Otra dimension intextual de *La nave de los locos* es la inserción de los sueños como apertura a la vertiente psicoanalítica bajo el reconocimiento de las pulsiones inconscientes que mueven a los personajes; por otra parte, la especularidad repite y extiende el tema del viaje y su presencia en otros textos (*La ilíada, La Odisea,*

La Eneida, Robinson Crusoe, Los viajes de Gulliver, ciertos textos de Poe o de Kafka). El título de la novela, por su parte, coincide con el cuadro homónimo que, en versiones diferentes, dialoga con el concepto de locura de Foucault, cuya noción de las relaciones de poder está presente en toda la novela. Con el habitual juego de reconocimiento/disimulo ejercido por los autores en relación con el conocimiento y ejercicio intertextual, ante la pregunta de Gema Pérez-Sánchez acerca de la influencia del pensamiento de Foucault en su obra, Peri Rossi responde:

> No he leído ni antropología ni psicoanálisis hasta hace muy poco. Por una intuición. Yo creo que primero se siente y después se sabe —condición romántica, como verás—; primero se siente y después se sabe. Y la palabra es posterior al sentimiento. [...] Pero sí he leído Foucault, la *Historia de la sexualidad* [...] Bueno, cuando yo estaba escribiendo *La nave de los locos*, nos fuimos un verano de vacaciones juntos: yo y mi amiga de entonces, él [Cortázar] y la que sería después su esposa... Yo estaba escribiendo la novela en ese momento. Yo nunca hablo de mis proyectos, pero hablé un poco con él... Los escritores no hablamos de literatura. Vivimos literariamente. Pero, en un momento que estaba escribiendo en una mesa, me dice: «Qué estás escribiendo?». Le dije: «Estoy reconstruyendo la navegación de los locos». Y entonces él me dijo: «Leíste a Foucault?». Le dije: «Sí, lo tengo marcadito». Foucault a la navegación de los locos le dedica media página en la *Historia de la sexualidad*, y fue lo que leí de Foucault. (1995: 62-63)

Al final de *La nave de los locos* una intertextualidad en abanico (Lucía/Charlotte Rampling/Helmut Berger/Marlene Dietrich) toma la forma de *travestismo* cuando Lucía y su *partner* encarnan a Marlene Dietrich y Dolores del Río: «uno que había cambiado sus *señas de identidad para asumir la de sus fantasías,* alguien que se había decidido a ser quien quería ser y no quien estaba determinado a ser» (1986: 191). Una situación semejante aparece en «Preámbulo. Nochevieja en el Daniel's», que abre su libro de ensayos *Fantasías eróticas* (1991b). Allí intertextualidad y travestismo se vuelven *intratextualidad* en la medida en que retoma aquel texto suyo ficcional y lo reescribe analíticamente para desentrañar motivaciones y conductas de esa «pareja ideal, simuladamente heterosexual» (Peri Rossi 1991b: 16) en la que primaba «la representación, el simulacro, la ficción [...] la fascinación de lo imaginario por encima de la vulgaridad de lo real» (1991b: 17). Junto a la marginación geográfica, sociocultural y lingüística aparece aquí la marginación sexual y de género; también, el predominio del arte y del artificio en lugar de lo real.

III.

> El parentesco entre psicoanálisis y literatura comprende también el tema de la individualidad, de los fantasmas particulares. No en vano Freud recurrió a la literatura: encontró allí descripciones de los conflictos humanos, fantasmas. Creo que esto es lo que estudia el psicoanálisis y lo que debe describir un escritor.
>
> Cristina Peri Rossi

> Intertextuality, once a formal phenomenon, led me to investigate its intrapsychic and psychoanalytic implications. The textual plurality was reframed as a mental activity able to open a psyche to the creative process. The polyphony of voices accounted for what I have called a *subject in process on trial*, that unstable articulation of identity and loss leading to a new and plural identity. At that moment, the concept

> of intertextuality began resonating with some other concepts that I was working out, namely that of strangeness/hospitality, migrant personalities, and grafts; that of the semiotic/ the symbolic and their transverbal meaning; then abjection, borderline personalities, and the blurring of object and subject acting out.
>
> Julia Kristeva

Como vemos en ambos exergos, uno referido a la relación escritura/psicoanálisis desde el punto de vista de la creación literaria y el otro a la relación de intertextualidad con implicaciones psicoanalíticas e intrapsíquicas, ese fenómeno de polimorfismo excede los límites del texto literario para abarcar la noción de extranjeridad, identidad, lo semiótico y lo simbólico, lo abyecto y hasta aquellos casos de personalidad *borderline*. O, como continúa diciendo Kristeva en el pasaje citado, «If I were to find a common point shared by all these concepts I would say "frontier" or even better "threshold" (2002: 9).

A pesar de las afirmaciones iniciales en las que Peri Rossi manifestaba su desinterés por todo tipo de pensamiento teórico, el psicoanálisis ha ido ocupando un espacio cada vez mayor en sus reflexiones y en su práctica creativa. Si recopilamos las diversas opiniones expuestas en sus reportajes, el artista —según ella— ordena la realidad basado en el uso de la imaginación, la fantasía y el sueño, y es esa capacidad la que lo asemeja a un dios. Apoya esa afirmación en varios textos de Freud, y en especial en «El poeta y los sueños diurnos»:

> Freud considera que el arte es una necesidad del hombre de todos los tiempos, precisamente porque revela todo el material psicológico reprimido por el acuerdo social, todo aquello a lo

que hemos renunciado de nuestros deseos más profundos, para hacer posible la convivencia. Por eso distingue un «contenido manifiesto» en las artes y un «contenido latente». Este sería el más importante: las huellas oníricas, las fantasías imposibles de realizar, los ramalazos de sueños y pesadillas que se inscriben en el texto literario o plástico y establecen una relación inconsciente con el receptor. (1991b: 54)

En esa misma intervención en Zaragoza en 1991, invitada por una psicoanalista, Peri Rossi se detiene en la consideración del lenguaje, cuyo uso es otro punto en común entre literatura y psicoanálisis: «El paciente habla (a veces, incluso el psicoanalista solicita: cuénteme la novela de su familia). El paciente es un narrador; el psicoanalista, un lector. [...] Ambos utilizan el lenguaje, que es una colección de signos» (Peri Rossi 1991a: 13). Y agrega que «Entrar en contacto con el lenguaje es contactar con fantasías más o menos ocultas», tanto de parte del autor como del lector. En este sentido Peri Rossi ve la literatura como «referencia especular», en la medida en que «siento algo y luego busco la manera adecuada para que el lector sienta lo mismo» (1991a: 18). Especularidad que, como acabamos de ver, concita la intertextualidad en el tema del exilio mediante la asociación/inscripción de textos análogos.

Cabe aquí una digresión para anotar la predilección de Peri Rossi por el simbolismo y sobre todo por el romanticismo alemán, afición que compartía con su gran amigo, Julio Cortázar. En «Contar para descubrir» dice: «Creo que esencialmente compartíamos una vision romántica del mundo y de la literatura, en el sentido estético del término, y también filosófico: la identidad entre el ideal y la realidad» (1987: 6). Y en «Soñar para seducir» añade: «En el romántico domina el credo estético de la vida. Como se cita en *La Bohème*, la ópera romántica por excelencia, *escribo como vivo y vivo como escribo*», y subraya más adelante: «El Romanticismo es el triunfo de la pasión, del inconsciente» (Golano 1982: 48). En esta predilección por el romanticismo alemán aparece sin duda otro nexo con Freud, en la medida en que tanto el romanticismo como el psicoanálisis privilegian el lenguaje poético, el desciframiento de los sueños y el valor del inconsciente (Schlegel, Ludwig Tieck, Hegel y Schopenhauer, por ejemplo).

Por otra parte, y a pesar de no haber tenido hijos propios, hay en Peri Rossi una sensibilidad extrema en relación con la infancia y con el mundo de los niños. Comparte con Freud el interés por esta etapa inicial de la vida humana y por la relación niño/madre, incluyendo la etapa intrauterina, que considera como el único paraíso, irremisiblemente perdido. Peri Rossi encuentra allí una unidad destinada fatalmente a desaparecer en la fragmentación y el caos de la vida, pero susceptible de ser parcialmente recuperada mediante el erotismo o el arte:

> La fragmentación produce una nostalgia permanente de unidad que se puede buscar a través de la experiencia amorosa o a través del arte. Como son las experiencias que conozco, escribo a partir de ahí, pero buscando siempre la completud desde la falta, desde la conciencia de la falta. Desde un punto de vista psicoanalítico te diría que esa nostalgia es la nostalgia de haber estado dentro de la madre: a partir del parto se consuma la separación, que tanto la madre como los hijos vivimos mal porque supone el fin del único momento en que uno formó parte del otro. Algunos tendremos esa nostalgia más a flor de piel que otros, por un acceso más espontáneo al inconsciente, que es donde se guardan esas experiencias. (Pérez Fondevila 2005: 182-183)

IV.

Luego de una noche embriagadoramente intensa en el casino de Baden-Baden (a las doce de la noche había ganado una fortuna; tres horas después, la había perdido, además de perder los pendientes de Anna), Dostoievski anota en su diario: «En todas partes y durante toda mi vida, he traspasado los límites».

Cristina Peri Rossi

Tanto la vida de los presidiarios como la de los jugadores, con toda su diferencia de contenido, es igualmente «una vida extraída de la vida» (es decir, del curso normal de la vida).

Mijaíl Bajtín

The publications of Dostoievsky's posthumous papers and of his wife's diaries has thrown a glaring light on one episode in his life, namely the period in Germany when he was obsessed with a mania for gambling [...] which no one could regard as anything but an unmistakable fit of pathological passion.

Sigmund Freud

La última noche de Dostoievski (1992) es una novela acerca de otra forma de marginación, la del juego, que es también una obsesión y, sobre todo, una adicción. Jorge, su protagonista, subordina todos los aspectos de su vida (laboral, afectiva, sexual) a los avatares del azar: un azar que «reproduce el desorden del mundo» (Peri Rossi 1992: 12), irreductible e inexplicable. En ese sentido, «perder o ganar es un asunto de orden metafísico, acerca del cual no sirven los juicios humanos: no es asunto de justicia, ni de trabajo, ni de eficacia, ni de método» (1992: 12). Pareciera casi innecesario anotar que esta novela se inscribe dentro de un sistema que incluye sin duda textos de Kafka y «La lotería de Babilonia» de Borges, y que, ya desde el título, establece un diálogo intertextual no solo con Dostoievski, sino también con Bajtín y Freud.

También reaparece, una vez más, la bipartición caos/orden. Así como en *La nave de los locos* el caos del viaje, con sus múltiples sentidos, se alternaba con la armonía de «El tapiz de la creación», en este caso la impredictibilidad del azar alterna con las sesiones de análisis que Jorge tiene regularmente con Lucía —«Lucía en latín, luz. Me pregunto si la madre de Lucía lo sabía, cuando la bautizó así. Cuando ella se dedicó a esta profesión, seguramente lo sabía» (1992: 23)—. Como la *La nave de los locos*, *La última noche de Dostoievski* es una novela polifónica como la quería Bajtin, intertextual en la concepción de Kristeva, y donde el psicoanálisis va ganando un espacio cada vez mayor, no solo en la configuración del protagonista y su progresivo autoconocimiento, sino también en el progresivo desplazamiento del caos por el orden, del azar del juego que mima al mundo y la vida por la creatividad que instaura el orden y triunfa sobre la mortalidad.

Jorge, el protagonista de la novela, se embarca en una apuesta contra el azar (encarnado en la ruleta, las máquinas tragaperras, las cartas, los dados) en la que busca por un lado *matar a dios* y por el otro, sobre todo, encontrar su propia identidad. Dostoievski funciona como un doble modelo especular: del texto consigo mismo y de Jorge con su doble literario, que actúa como referente, como justificación y, finalmente, como respuesta a su propia búsqueda cuando abandona el juego y empieza a escribir. Las sesiones psicoanalíticas, por su parte, funcionan como el principio de realidad que desmitologiza el doble y reenvía a Jorge a su propia situación: «Su problema con el juego tampoco es muy original —responde Lucía—. Usted se remite a Dostoiewvski, muy a menudo, aunque posiblemente podría citar al sastre de la esquina o a la viuda del militar, que padecen la misma adicción» (1992: 25).

Asimismo, si recordamos que el ensayo de Freud sobre Dostoievski aborda, por un lado, rasgos de su carácter (masoquismo, sentimiento de culpa, sus ataques epileptoides y la ambivalencia ante su padre) a la vez que discute su adicción al juego, podemos reconocer en la novela la impronta de la vision freudiana. En la novela Jorge idealiza/odia al padre ausente, quien, potencial antagonista en la relación con Michelle (su madre), lo ha dejado solo con ella y sus amoríos con muchachos más jóvenes al punto que podrían ser hijos suyos y hermanos de Jorge. La constante búsqueda de placer por parte de Jorge indica la potencia de lo instintivo en detrimento de un super-yo débil que, libre del castigo y de la culpa edípica, reemplaza el temor a la castración por la búsqueda infatigable de un placer sin límites que se gasta en la masturbación o en el juego.

V.

> La pintura siempre ha sido una de mis fuentes de inspiración, y las relaciones que mantiene con la poesía me estimulan. Porque la *poesía* no es el verso [...]
> *Poesía* es una manera de sentir, de mirar, de vivir, de aproximarse a la realidad que tiene diversos cauces de expresión[...] En todo caso, para mí la poesía es sinónimo de belleza. Por eso la encuentro en la pintura, también. *Pero nadie sale indemne de un contacto estrecho con la belleza.*
>
> Cristina Peri Rossi

> Sitting on the steps of a genuflection stool, with my eyes diverted from the pulpit to be able to contemplate the ceiling, Volterrano's

Sibyls gave me perhaps the greatest pleasure that any painting had ever given me[...] I reached the emotional state in which we experience the celestial feeling that only the beauties of art and sentiments of passion can offer. Upon leaving Santa Croce, my heart was beating irregularly, life was ebbing out of me and I went onwards in fear of swooning.

Stendhal

The rapport created with a work of art is fraught with psychological resonances and can set in motion mental activities of varying relevance and intensity. It is within this field of enquiry that the Stendhal Syndrome was discovered and described in Florence: a series of experiences studied clinically but which can be considered the tip of the iceberg of widespread phenomenon, being linked to the operation of our mind when, with a sensitive disposition we approach a work of art and have a profound aesthetic experience.

Graziella Magherini

Creo que estás enfermo. Has contraído el «síndrome de Stendhal», llamado también «la enfermedad de los museos». Son los tratornos psicosomáticos que sufren ciertos individuos ante la contemplación de la belleza. Teniendo en cuenta que eres fotógrafo, y de personalidad adictiva, no es nada raro que te ocurra a ti.

Cristina Peri Rossi

El último exergo proviene de otra novela de Peri Rossi, El *amor es una droga dura* (1999), y reproduce las palabras de Francisco, psicoanalista y amigo de Javier, el protagonista de la novela, a quien Francisco le diagnostica —usando un intertexto que ya había sido anunciado en el segundo exergo que abre la novela— el mal que lo aqueja. O sea, la obsesión de Javier por Nora, una muchacha más joven encontrada al azar, y cuya belleza lo perturba física y mentalmente. En este caso el intertexto más prominente proviene de la obra de la psicoanalista italiana Graziella Magherini (*La sindrome de Stendhal* y *Mi sono enamorato di una statua. Oltre la sindrome de Stendhal*), quien, viviendo en Florencia, ha asistido y estudiado los trastornos psicosomáticos provocados por la experiencia estética y para cuya denominación se valió de la vivencia del novelista francés Stendhal, quien experimentó y documentó trastornos semejantes. A este intertexto explícito, y del cual Javier sería una especie de caso clínico a la manera freudiana, se suman otros que es necesario detectar con más cuidado. Para empezar, la profesión de fotógrafo de Javier y su modo de sustituir el ojo por la cámara, que ante Nora también funciona como supletorio de su órgano sexual, alude al film *Blow-up* y las tomas sucesivas, obsesivas, posesivas y orgásmicas del fotógrafo protagonista no pueden sino evocar el texto de origen, «Las babas del diablo» de Cortázar, que Antonioni adaptó libremente junto a Tonino Guerra y Edward Bond. Por otra parte, y no podría ser de otra manera, en esta novela Peri Rossi recrea una vez más elementos autobiográficos, su pasión por la fotografía, compartida con Cortázar, y su experiencia personal ante el arte y la belleza. En su ensayo «Poesía y pintura» dice:

> Yo, sin saberlo, había padecido el síndrome de Stendhal durante toda mi vida, es decir, desde la adolescencia [...] Pero la vez que fui más consciente de los trastornos psicosomáticos que

produce la belleza fue en París, en el año 1974. Entonces, mi pintor favorito era W. Turner (lo sigue siendo aunque hay períodos en que Caspar David Friedrich y Gustave Courbet comparten el podio, y hay otros que se aproximan también: Hopper, Richard Estes, de Chirico). Solo conocía reproducciones de sus trágicos, arrebatadores naufragios que solían poblar mis pesadillas. Me encontraba en París en una situación difícil: exiliada de la dictadura uruguaya, sin papeles, sin techo y sin trabajo. Entonces, para darle un respiro a la angustia, decidí entrar al Museo de L'Homme. [...] La sala era muy grande y larga, el suelo de parquet estaba brillantemente encerado. A esa hora (cerca del mediodía) no había nadie, salvo un portero. Me dirigí a observar un astrolabio árabe que se exhibía en una vitrina, cuando de reojo, creí observar en una de las paredes dos naufragios de W. Turner. Mi sorpresa fue mayúscula. De pronto experimenté una gran excitación. [...] Los naufragios de Turner tienen una terrible intensidad; es un gran artista porque ha conseguido pintar no solo el horror de las aguas desbocadas sino el movimiento: esos círculos concéntricos que son una representación del remolino y, además, de la locura. No pude soportarlo pasivamente: en lugar de dirigirme directamente hacia los cuadros, comencé a correr por el salón, presa de gran agitación; mi sistema nervioso, excitado, necesitaba ejercicio físico, antes de estar en condiciones de soportar una emoción tan fuerte como la contemplación de ambos cuadros. Después de dar varias vueltas por la sala, comencé a disminuir el paso, y, por fin, pude detenerme. Pero no los miré de lleno: tuve que hacerlo de reojo, lentamente, en pequeñas dosis. Los naufragios de Turner estaban tan cargados de símbolos, de emociones fuertes, de angustia, de terror y de espanto que fueron como una experiencia límite. (2003a: 2-3)

Me he detenido en la trascripción de esta larga cita autobiográfica porque considero que contiene, *in nuce*, varios elementos recurrentes de la estrategia narrativa de Peri Rossi: en primer lugar este fragmento se trasmuta casi idéntico en *El amor es una droga dura* (aunque ahora París es reemplazado por Berlín y Turner por Caspar David Friedrich) para caracterizar la extrema sensibilidad estética de Javier. En segundo lugar, explica la textura de su obra, rica en intertextualidades diversas (en este caso con la pintura), desde una perspectiva acentuadamente psicoanalítica. «Esos círculos concéntricos que son una representación del remolino y, además, de la locura» es un intento de penetrar en el psiquismo del pintor y a la vez en su repercusión en el espectador. O en la intertextualidad entre ensayo y novela en la apropiación intratextual: «No había nadie, esa tarde, en el pequeño museo, y de pronto, descubrió un óleo enteramente negro, con la negrura de las pesadillas marinas, la negrura de los mensajes que vienen del inconsciente» (1999: 81), a lo que agrega, con connotaciones de *lo siniestro* freudiano: «había mirado el naufragio de Caspar David Fredrich como se mira una pesadilla familiar, algo que se ha visto ya, en otra parte, y se creía olvidado» (1999: 81). Asistimos aquí entonces a una reflexión de corte psicoanalítico (el horror, la pesadilla, lo siniestro), a la vez que se trata de un análisis de la fruición estética definida desde siempre por la belleza, aunque esa belleza pareciera a veces lindar con lo sublime kantiano.

Una belleza que produce fascinación en tanto que no solo deleita sino que también aterra; que atrae y rechaza al mismo tiempo. En total coincidencia con esto, el primer exergo con que se abre la novela (anterior al mencionado de Magherini) es una cita del *Fedro* de Platón: «El amor es quien ama, no lo amado» (1999: 3). Pasamos así de la belleza al amor —una de las manifestación de la *theia mania* o locura divina, que también alienta en la poesía y el arte. Si bien la cita signa el origen de la ligazón platónica de belleza y locura amorosa, en la novela se hace evidente que el subtexto predominante tiene que ver con fuentes más recientes: Freud, con fuerte acento de Lacan, también Melanie Klein y, hacia el final, Julia Kristeva. En forma explícita esos textos son puestos en boca del amigo psicoanalista, quien asiste, como Lucía en *La última noche de Dostoevski*, a un Javier aquejado de amor, concebido aquí como otra manifestación del comportamiento obsesivo y adictivo. Un amor que, en general, se denomina *deseo* y al que se define como turbación, sensación de peligro, alarma e impulso de huir, fascinación, excitación, euforia, antropofagia, adoración, enajenación, dependencia/independencia.

Dicho estado conlleva vulnerabilidad y revisión de la vida entera. Es así que Javier, una vez que ha conocido por intermedio de Francisco la existencia del fenómeno psicológico denominado síndrome de Stendhal, recupera vivencias del pasado que son ilustraciones de ese estado —recordemos que «primero se siente y después se sabe» es el credo romántico de Peri Rossi. Vuelven a su memoria su enamoramiento de la cabellera de una niña compañera de escuela, la contemplación embelesada de la ampolla de agua azul, o estados más primitivos como «la hora del lobo», en que el instinto salvaje busca su satisfacción. Ya en plena intertextualidad lacaniana aparece la cita «La mirada es la erección del ojo» (1999: 88), perfecta para el fotógrafo enamorado que es ahora Javier, con erecciones casi permanentes ante la belleza de Nora.

Borrar los límites entre arte y vida, los estados de intensidad, locura y dolor, son constantes en la narrativa y en la poesía de Peri Rossi, quien, desde lo autobiográfico, describe la sensualidad de los encuentros cuerpo a cuerpo (sabor, olor, textura, sonido) y los abismos de la pasión. Como vimos anteriormente se trata de estados límite, estados extremos que funcionan como manifestaciones diversas de la intensidad de la pasión romántica: enajenación de lo real o exilio estético. Otro modo de intentar aprehender y nombrar esos estados es mediante metáforas que tienen mucho en común con la asociación libre del discurso analítico en su búsqueda del inasible inconsciente. Una noche Javier se despierta angustiado en la habitación del hotel que habita desde el encuentro con Nora y donde pasa las horas llamándola sin éxito por teléfono, o esperando sus llamadas. Una vez más trata de recordar el primer encuentro entre ambos, narrado por Nora pero sin ecos en su memoria, y reflexiona:

> El hecho de no haberse enamorado cuando la conoció, diez años atrás, le provocaba inquietud: no era el objeto donde había que buscar la causa del deseo, sino que era el deseante. Y el sujeto deseante era él. Sin embargo, estaba completamente convencido de que la atracción era mutua y que se trataba de una fuerza oscura y profunda. ¿Qué es oscuro y profundo? se preguntó. El mar, algunas grutas, el inconsciente. El inconsciente era como un viejo archivo fotográfico donde se guardaban los negativos. Pero no era fácil acceder a él. No lo era a través de la voluntad. (1999: 121)

Dado que Javier pasa gran parte del tiempo solo, fantaseando, reflexionando, recordando, Peri Rossi apela a un recurso usado por Puig en *Pubis angelical* (encarnado en el personaje de Ana) y que tiene como Ur-texto el otro/Otro lacaniano. De ese modo, mediante la voz que interroga, responde, complementa lo pensado por Javier, asistimos a la puesta en escena de *ese otro(s) que siempre va conmigo* (Antonio Machado), y que en el texto se introduce fragmentario en las interminables corrientes de conciencia de Javier. Lacan, como subtexto, pasa luego a formar parte del texto cuando se introduce un hecho de su vida, la adquisición y su diaria contemplación solitaria del cuadro de Courbet, *El origen del mundo*. Javier, en la soledad de su cuarto de hotel, establece la cadena asociativa que a todos iguala en la persecución del deseo: «Courbet intentó atrapar en el cuadro la causa de su deseo (subyugado como en el síndrome), y el cuadro, a su vez, se convirtió en la imagen del deseo de Lacan, que contrajo el síndrome, y ahora él, Javier, iba a intentar fotografiar (era otro cuadro) la imagen de Nora: del deseo solo podemos atrapar imágenes» (1999: 132).

Un tema recurrente en Peri Rossi es la nostalgia del paraíso perdido, constituido, a su juicio, por la simbiosis madre/niño en el vientre materno. Después del nacimiento solo queda el sentimiento de pérdida de aquella unidad original, cuya restitución es una búsqueda inútil. Hay sin embargo, y es otra cita psicoanalítica, una especie de final feliz en la novela (y de posible restitución en la vida real) en las palabras finales de Francisco a Javier: «la Kristeva dice que solo hay tres maneras de estar vivo: si se está enamorado, se está escribiendo o se está psicoanalizando» (1999: 251). Como sabemos el texto se cierra con un Javier que, a pesar de todo, sigue enamorado de Nora; con Francisco contemplando ahora —como antes Lacan el cuadro de Courbet— una foto de Nora que le ha robado a Javier, y fuera del texto, con Peri Rossi que sigue escribiendo y deleitando a sus lectores con sus textos autoficcionales en tramas intra- e intertextuales.

A MODO DE CONCLUSIÓN

> The fantastic traces the unsaid and the unseen of cultures: that which has been silenced, made invisible, covered over and made «absent».
>
> Rosemary Jackson

> My last book of 1983, begins with a series of quotations among which there is one by the German poet Gottfried Benn which goes: «The category in which the univers manifest itself is that of hallucination». I was very happy to find this sentence, which expresses

> something I have felt during most of my life: hallucination, the paranoiac hallucination of persecution is a way of interpreting and understanding the world.
>
> Cristina Peri Rossi

En la introducción a este capítulo hacía mención a *lo fantástico rioplatense* como una de las coordenadas, junto con el romanticismo y el psicoanálisis, en las que se inscribe la red intertextual (también a veces intratextual) del núcleo temático del exilio. Si bien no me he detenido en la consideración de lo fantástico *per se* en la teoría y práctica escritural de Peri Rossi, sabemos que ella se reconoce en la obra de Borges, Cortázar y Felisberto Hernández (dentro del ámbito rioplatense) y tambien en Clarice Lispector, Edgar Allan Poe y Franz Kafka. En todos estos autores se hace presente una nueva forma de formular lo real mediante el uso del sueño, la belleza expresionista, las distorsiones de espacio y tiempo, los conflictos con la propia identidad o las acciones paralelas que obran por analogía, para usar la clasificación de Bioy Casares en su prólogo a la *Antología de la literatura fantástica*. Todo ello linda, como dice Peri Rossi, con lo patológico (paranoia y alucinación, fragmentación del yo y de lo real), y vehiculiza una perspectiva de lo real signada por la revolución psicoanalítica y también política de los años sesenta. O sea, una literatura de la subversión, en palabras de Rosemary Jackson.

Para terminar, cabría preguntarse cuál es la función de ese uso de la intertextualidad en Peri Rossi. ¿Pretende, a la manera borgeana, mostrar la erudición de la autora no solo en lo referido a la literatura sino también a la pintura, la cultura popular, la ideología de nuestra época? ¿O es, también como en Borges, producto de los juegos de un tímido que busca el respaldo de otras voces ante el silencio de la página en blanco? Me inclino a pensar que la función de la intertextualidad en la obra de Peri Rossi incluye esos determinantes (erudición, búsqueda de un coro solidario para la enunciación de ciertos temas, recreación en la escritura de lecturas previas) pero que es, sobre todo, una manifestación escritural de la teoría de Julia Kristeva, donde se pasa de la intertextualidad concebida como fenómeno formal a su conexión con lo intrapsíquico y el psicoanálisis. Conexión que apunta a un inconsciente del texto y del sujeto que lo crea, al mismo tiempo que pone en juego varios pares de opuestos que lo constituyen; en el caso de Peri Rossi, extranjeridad/hospitalidad, sujeto/objeto, migrante/sedentario, semiótico/simbólico y, como corolario, la noción de borde o de frontera. Completando el círculo, retornamos al principio: la intertextualidad se vincula con exilio y no pertenencia —geográfica, generacional, de género y de actitud vital.

Intertextualidad y autoficción en Roberto Bolaño
El caso de Sophie Podolski

La obra de Roberto Bolaño es un fenómeno si no único, al menos muy especial dentro de las letras hispanoamericanas contemporáneas. En Bolaño se combinan el exilio y la bohemia trashumante, el poeta vuelto narrador, historiador y exégeta de la literatura latinoamericana y el escritor desconocido de fama tardía y muerte temprana al que los medios culturales transformaron en mito. Por eso resulta difícil distinguir en su obra los límites entre vida y ficción, entre actividad creativa y belicosidad polémica, entre la seriedad de una obra laboriosamente construida y la romántica teoría de la inspiración inducida por drogas, sexo y alcohol. Ante esa trama densa y compleja, me interesa abordar el caso Bolaño bajo el lente de la intra- e intertextualidad, y en especial en lo que atañe a su relación con Sophie Podolski.

II.

> La poesía de las primeras décadas del siglo XXI será una poesía *híbrida*, como ya lo está siendo la narrativa.
>
> Roberto Bolaño

> Mucho más importante que la cocina literaria es la biblioteca literaria (valga la redundancia). Una biblioteca es mucho más cómoda que una

> cocina. Una biblioteca se asemeja a una iglesia mientras que una cocina cada vez se asemeja más a una morgue. *Leer, lo dijo Gil de Biedma, es más natural que escribir.* Yo añadiría, pese a la redundancia, que es mucho más sano, digan lo que digan los oftalmólogos. De hecho, la literatura es una larga lucha de redundancia en redundancia, hasta la redundancia final.
>
> Roberto Bolaño

Esa *hibridez* —que en el caso del primer exergo Bolaño adscribe a su siempre bien ponderado Nicanor Parra— constituye, sin duda, un rasgo característico de su propia narrativa, lo que lo sitúa inmediatamente bajo la paternidad de Borges al tiempo que lo hermana, entre otros, con Julio Cortázar, Ricardo Piglia o Manuel Puig. Como en Borges, en la narrativa de Bolaño se funden y confunden la autobiografía, el ensayo, el préstamo y el plagio, las biografías apócrifas, el homenaje y la parodia. Y también, como en Borges, en Bolaño están presentes el lector y el autor en forma continua e indistinta. Es ese lector omnívoro, también cinéfilo, el que constantemente se filtra en textos en cuya trama podemos reconocer ecos de Borges o Kafka, de la novela policial, la anti-psiquiatría, del cine porno y el *star system* de Hollywood, de los poetas beat, la literatura rusa y de la poesía francesa desde Baudelaire hasta nuestros días.

III.

> Borges y Bioy, sin ningún género de dudas, escriben los mejores libros humorísticos bajo el disfraz de H. Bustos Domecq...
>
> Roberto Bolaño

> Leer, por lo pronto, es una actividad posterior a la de escribir: más resignada, más civil, más intelectual.
>
> Jorge Luis Borges

Bolaño ha expresado a menudo su admiración por Borges, con quien comparte la creencia de que leer es superior a escribir. Hay también en Bolaño un gusto por la parodia que lo hermana con Borges, sobre todo con su heterónimo Bustos Domecq, y una estrategia narrativa común basada en la creación de autores ficticios y biografías apócrifas. La crítica ha examinado cuidadosa y reiteradamente los ecos de *Historia universal de la infamia* (junto con las *Vidas imaginarias* de Marcel Schwob y los *Retratos reales e imaginarios* de Alfonso Reyes, entre otros) en Bolaño, quien en *La literatura nazi en América* aconseja leer a Schwob, pasar luego a Reyes y de ahí a Borges. También se ha analizado a menudo la reescritura que hace Bolaño de «El sur» de Borges en su cuento «El gaucho insufrible», seguidor de la poética esbozada en «Pierre Menard, autor del Quijote» y cuyo tono evoca el de Bustos Domecq. Lo que no he visto mencionado en ninguna parte es otro texto de Borges, «Arte de injuriar» (incluido en *Historia de la eternidad* y calificado como «nota») con el que algunos textos de Bolaño guardan gran semejanza en tono e intención.

IV.

En general, la actitud de Bolaño ha sido polémica, acerba, crítica y desesperanzada, hasta apocalíptica incluso, tanto en su vida personal como en su obra, con un núcleo central definido como *marginalización* y que también podría entenderse como *des-territorialidad* o *exilio*. Se trataría, en la ficción, de una especie de *testimonio no comprometido con las situaciones que presenta*, en oposición a lo que sucede en sus aproximaciones críticas, ferozmente comprometidas. Todo lo cual conforma sus predilecciones y rechazos, el tipo de narrador que cuenta la historia y la psicología de sus personajes. Trashumancia y vagabundeo, distancia del yo donde todo vale o, lo que es lo mismo, donde nada vale. En su nota preliminar a *Entre paréntesis*, dice: «Aunque vivo desde hace mucho más de veinte años en Europa, mi única nacionalidad es la chilena, lo que no es ningún obstáculo para que me sienta profundamente español y latinoamericano. En mi vida he vivido en tres países: Chile, México y España» (2004: 20). En ese sentido, si bien Borges constituye una presencia constante en su obra como modelo literario, desde el punto de vista vital hay otros modelos/patrones que rigen la experiencia existencial de Bolaño, y que a grandes rasgos podemos encontrar en su doble literario Arturo Belano y las personas que frecuenta y que transforma en personajes ficticios. Esto es: la poesía francesa desde el simbolismo hasta nuestros días, la obra contestataria de la *beat generation* y sus ecos en los años sesenta y setenta con sus movimientos contra el poder, la autoridad y las instituciones de todo tipo, la anti-psiquiatría. Leemos en «Literatura + enfermedad = enfermedad»:

> La poesía francesa, como bien saben los franceses, es la más alta poesía del siglo XIX y de alguna manera en sus páginas y en sus versos se prefiguran los grandes problemas que iba a afrontar Europa y nuestra cultura occidental durante el siglo XX y que aún están sin resolver. La revolución, la muerte, el aburrimiento y la huída pueden ser esos temas. [...] Digamos que se inicia con Baudelaire, adquiere su máxima tensión con Lautrémont y Rimbaud, y finaliza con Mallarmé. (Bolaño 2006: 143)

En este texto, cuyo subtexto y dedicatoria a su médico tienen que ver con el diagnóstico de la enfermedad que lo llevó a la muerte, Bolaño habla de su constante afición por la poesía francesa en general y por ciertos autores en particular. En su análisis de «Brisa marina» de Mallarmé y de «El viaje» de Baudelaire se concentra en tres temas que constituyen una proyección autobiográfica: la afición por la lectura, el sexo y los viajes. Poesía y vida como presencia recurrente en la que una expresa a la otra y viceversa:

> Es decir, para el poeta de *Igitur* no solo nuestros actos están enfermos, sino que también lo está el lenguaje. Pero mientras buscamos el antídoto o la medicina para curarnos, lo *nuevo*, aquello que solo se puede encontrar en lo ignoto, hay que seguir transitando por el sexo, los libros y los viajes, aun a sabiendas de que nos llevan al abismo, que es, casualmente, el único sitio donde uno puede encontrar el antídoto. (2006: 136)

Dentro de esta pesquisa de la intra/intertextualidad en Bolaño con relación a la poesía francesa, me interesa explorar ahora un contexto más limitado, el de los personajes Bolaño, Arturo Belano, B: sus dobles, *puestos en la situación de leer antologías de poesía francesa*. Me concentro en dos textos: «Últimos atardeceres en la tierra» y «Vagabundo en Francia y Bélgica», incluidos ambos en *Putas asesinas*.

«Últimos atardeceres en la tierra» se abre con estas líneas: «La situación es esta: B y el padre de B salen de vacaciones a Acapulco» (Bolaño 2001: 37), y constituye la ficcionalización levemente velada de una situación autobiográfica —el viaje que hace Bolaño con su padre a Acapulco, en 1975—. Aparte del significado del texto, entendido como la iniciación sentimental y sexual del protagonista, y de la compleja interacción entre B y su padre, me interesa analizar aquí la relación peculiar que se establece entre B y un libro que, como se aclara en el texto. «Es un libro de poesía. Una antología de surrealistas franceses traducida al español por Aldo Pellegrini, surrealista argentino» (2001: 38).

Para mayor precisión a B, además de los poemas, «Le gustan las fotos de los poetas. La foto de Unik, la de Desnos, la de Artaud, la de Crevel» (2001: 39). Sobre todo, le llama la atención la foto de Gui Rosey, de quien escribe Pellegrini: «Nació en París el 27 de agosto de 1896. Colaboró con los surrealistas desde 1932. Fue visto por última vez en Marsella en 1941, entre los surrealistas refugiados que esperaban partir de Francia. Desde entonces no se tuvo más noticias de él» (2001: 39). Esta brevísima biografía Bolaño la extiende a casi una página, intercalándola en el relato del viaje con su padre y configurando así una narración dividida entre una *realidad vivida* y una *realidad leída y vista* (poemas y fotografías), con la referencia a Rosey como obsesivo *ritornello*: «Le gusta Desnos, le gusta Eluard, mucho más que Rosey, aunque al final siempre vuelve a los poemas de este y a contemplar su fotografía, una foto de estudio en la que Rosey aparece como un ser sufriente y solitario, con los ojos grandes y vidriosos, y una corbata oscura que parece estrangularlo» (2001: 43). A lo largo de la estadía en Acapulco, la tensión entre B y su padre crece: al padre le interesa la «acción», que significa sobre todo ir con prostitutas, salir a navegar, recorrer bares y beber o jugar a las cartas, mientras que B solo quiere quedarse en el hotel y leer su antología, fantaseando, sobre todo, acerca de la suerte de Rosey y su desaparición:

> Seguramente se suicidó, piensa B. Supo que no iba a obtener jamás el visado para los Estados Unidos o para México y decidió acabar sus días allí. Imagina, o trata de imaginar una ciudad costera del sur de Francia. B aun no ha estado nunca en Europa. Ha recorrido casi toda Latinoamérica, pero en Europa aun no ha puesto los pies. Así que su imagen de una ciudad mediterránea está condicionada directamente por su imagen de Acapulco. Calor, un hotel pequeño y barato, playas de arenas doradas y playas de arenas blancas. (2001: 44)

La desaparición va adquiriendo formas diversas: «No hay investigación. No hay cadáver» (2001: 51), o «Gui Rosey se suicidó, piensa, o lo mataron, piensa. Su cadáver está en el fondo del mar» (2001: 59). Casi al final del relato, la escisión entre el poeta desaparecido y B (que lo lee y mira su fotografía) se esfuma y se produce la identificación entre ambos:

> Durante un instante, mientras contempla a la mujer vestida de blanco (que le parece, por primera vez, muy hermosa), B piensa en Gui Rosey que desaparece del planeta sin dejar rastro, dócil como un cordero mientras los himnos nazis suben al cielo color sangre, y se ve a sí mismo como Gui Rosey, un Gui Rosey enterrado en algún baldío de Acapulco, desaparecido para siempre, pero entonces oye a su padre, que le está recriminando algo al ex-clavadista, y se da cuenta de que, al contrario que Gui Rosey, él no está solo. (2001: 63)

En esa sucesión de escenas casi cinematográficas en las que el narrador presenta las acciones que B y su padre llevan a cabo durante su estadía en Acapulco hay otra frase que se repite, «Hay cosas que se pueden contar y hay cosas que no se pueden contar» (2001: 54, 61), que, como la referencia a Gui Rosey, se despliega como un tema musical con variaciones. Gui Rosey, su foto y su desaparición juega en paralelo con la disyunción de lo que es o no posible contar, líneas paralelas que confluyen en el párrafo citado con la identificación de B con el poeta desaparecido y que se corrige en las últimas líneas: «y se da cuenta de que, al contrario de Gui Rosey, él no está solo» (2007: 63). Esta comprobación borra, de un solo trazo, la identificación romántica de B con Rosey y acaba, también de un solo tajo, con el periplo adolescente de rechazo al padre. Todo los divide, pero aun así, B no está solo porque tiene a su padre junto a él.

En «Vagabundo en Francia y Bélgica», tal como vimos en el texto anterior, el primer párrafo precisa la ubicación espacial y temporal, identifica al protagonista y sintetiza el argumento: «B ha entrado en Francia. Se pasa cinco meses dando vueltas por ahí y gastándose todo el dinero que tiene. Sacrificio ritual, acto gratuito, aburrimiento. A veces toma notas, pero por regla general no escribe, solo lee» (Bolaño 2001: 81). En este texto se nos presenta, de nuevo, un territorio inicialmente desconocido (Acapulco, Francia, luego Bélgica), apto para el vagabundeo y la aventura, pero donde lo esencial sigue siendo el acto de leer al que se suma, en este caso, ir tras las huellas materiales de un autor. A su llegada a París B consume, y descarta, novelas policiales en francés, pero sobre todo vuelve repetidamente a una revista comprada en una librería de viejo, «un antiguo número de la revista *Luna Park*, el número 2, un monográfico dedicado a los grafismos o a las grafías, con textos o con dibujos (el texto es el dibujo y al revés también)» (2001: 82). A continuación aparece una lista de autores que incluye a Roland Barthes y que termina con Sophie Podolski (sobre ella volveremos en extenso en el último apartado) y Henri Lefebvre:

> Y finalmente Henri Lefebvre. B no conoce a Lefebvre de nada. Es el único al que no conoce de nada y su nombre, en aquella librería de viejo, se ilumina de pronto como una cerilla en un cuarto oscuro. Al menos, de esa forma B lo siente. A él le gustaría que se hubiera iluminado como una tea. Y no en un cuarto oscuro sino en una caverna, pero lo cierto es que Lefebvre, el nombre de Lefebvre, resplandece de esa manera y no de otra.
>
> Así que B compra la revista y se pierde por las calles de París, adonde ha ido para perderse, para ver pasar los días, aunque la imagen que B tiene de esos días perdidos es una imagen soleada y al caminar con la revista *Luna Park* dentro de una bolsita de plástico que cuelga perezosamente de su mano, la imagen se ocluye, como

si esa vieja revista (muy bien editada, por cierto, y que se conserva casi nueva pese a los años y al polvo que se acumula en las librerías de viejo) concitara o produjera un eclipse. El eclipse, B lo sabe, es Henri Lefebvre. El eclipse es la relación entre Henri Lefebvre y la literatura. O, mejor dicho: el eclipse es la relación entre Lefebvre y la *escritura*. (2001: 82-83)

B intenta descifrar, sin éxito, los grafismos del autor, que le sirven como test proyectivo con reminiscencias de campos perdidos, de un cierto filme, de sí mismo como adolescente buscando un trébol de cuatro hojas. Esto se enlaza con la biografía de Lefebvre —«nació en Masnuy Saint-Jean en 1925. Murió en Bruselas en 1973», el mismo año, piensa B, «en que los militares chilenos dieron el golpe de Estado» (2001: 83, 84)—, lo que lo lleva a recordar ese año. En medio de esa ensoñación asociativa, la realidad irrumpe y B, cansado y hambriento, va a un restaurante donde encuentra a una mujer que consiente en irse con él a su casa. Cuando ella se duerme, B vuelve a su revista:

> Lee que Henri Lefebvre, nacido en 1925 y muerto en 1973, pasó su infancia y adolescencia en los campos verde oscuros de Bélgica. Luego muere su padre. Su madre, Julia Nys, se vuelve a casar cuando él tiene 18 años. *Su padrastro, un tipo jovial, lo llama Van Gogh. No porque le gustara Van Gogh, naturalmente, sino para mofarse de su hijastro.* Lefebvre se va a vivir solo. No tarda, sin embargo, en volver a casa de su madre, a cuyo lado permanecerá hasta la muerte de esta, en junio de 1973.
>
> Dos o tres días después de la muerte de la madre, se encuentra el cuerpo de Henri junto a su escritorio. Causa del deceso: muerte por absorción masiva de medicamentos. (2001: 84-85; énfasis mío)

Como en «Últimos atardeceres en la tierra», aquí la lectura y las asociaciones acerca de Lefebvre y su madre alternan con las experiencias de B, sus encuentros con varias prostitutas en su vagabundeo por las calles de París seguido por un viaje a Bruselas donde visita a M, mucho más joven que él, hija de amigos suyos exiliados de Chile tras el golpe de estado. Al día siguiente de su visita, M lo llama para invitarlo a dar un paseo en su coche: «Mientras se viste, B piensa en Julia Nys, la madre de Lefebvre, que ilustró algunos de los últimos textos de su hijo. Vivían aquí, piensa, en Bruselas, en alguna casa de este barrio» (2001: 87). Cuando se encuentran B le muestra a M la revista y los grafismos de Lefebvre: «Parecen ramos de uva, dice M. ¿Entiendes algo de lo que está escrito? No, dice M. Luego vuelve a mirar los grafismos de Lefebvre y dice que tal vez, solo tal vez, hable del ser. Esa mañana la que habla del ser, en realidad, es M» (2001: 87-88). Cuando M decide volver a su departamento para cambiarse de ropa, B vuelve a hojear la revista «pero pronto se aburre, como si el *Luna Park* y el pequeño departamento de M fueran incompatibles»; pasa luego a mirar las fotos en las paredes de la casa de M y sus libros cuando siente de pronto «el simple aviso de que algo no va bien» (2001: 88-89). Al día siguiente salen en busca de la casa de Julia Nys, pero no la encuentran. B pasa la noche en casa de M, y al día siguiente parte a París. Desde allí B la llama y M le pregunta si ha encontrado a Lefebvre y a continuación dice: «¿Por qué te preocupas por él? dice sin dejar de reírse. Porque nadie más lo hace, dice B» (2001: 96)

En estos dos textos se da lo que Piglia, en *El último lector*, llamaría una *escena de lectura*: B lector se enfrenta con un texto sobre el que proyecta deseos, miedos y su propia realidad en el momento en que esto ocurre[1]. En «Últimos atardeceres en la tierra» tiene lugar también esa relación analógica consistente en la ficcionali-

---

[1] «La lectura, decía Ezra Pound, es un arte de la réplica. A veces los lectores viven en un mundo paralelo e imaginan que ese mundo entra en la realidad» (Piglia 2005: 12).

zación de lo autobiográfico: «B recuerda entonces una ocasión, antes de que él se marchara para Chile, en que su padre le dijo "tú eres un artista y yo soy un trabajador". ¿Qué quiso decir con eso? piensa» (2001: 61). El pasaje se corresponde con el de la relación entre Lefebvre y su padrastro. Como ya vimos, B lee en el artículo de *Luna Park* que, tras la muerte de su padre, cuando Lefebvre tiene dieciocho años, su madre vuelve a casarse. «*Su padrastro, un tipo jovial, lo llama Van Gogh. No porque le gustara Van Gogh, naturalmente, sino para mofarse de su hijastro. Lefebvre se va a vivir solo*» (2001: 84; énfasis mío). Esa oposición recurrente entre un padre vital —que había sido boxeador en su juventud y que se ganaba la vida con trabajos físicos— y un hijo artista aparece ficcionalizada en el primer relato y atraída/proyectada en la biografía de un Lefebvre que fascina a B en el segundo. Cabe recordar también una tercera repetición de esa pauta —hijo artista/madre sensible/padre ausente y bruto— en el encuentro entre Auxilio y el hijo de Lilian Serpas, quien recicla para ella el mito de Erígone en otro texto de Bolaño, *Amuleto* (véase 1999: 110 y ss.)

V.

> *Sophie Podolski*
>
> Aterido: hastiado,
> Me voy
> Al país de Sophie:
> Allí donde
> La nada: el círculo
> Cantan
> La gesta
> De tu duro
> Corazón: la metamorfosis
> Lunar; el reptil
> Entre los matorrales,

Una forma
De olvido: luna
Que recogí
En la oscuridad
De tus ojos.

Roberto Bolaño

La parole est une hystérie qui relève de la frustration qui par ailleurs la compense.
Je copie —je copie— c'est aussi emmerdant que d'inventer-mais l'écriture est une chose vivante-la lumière ne vient pas du ciel elle arrive de très loin.
Les pharmacies sont pleines de médicaments inutiles.

Sophie Podolski

Se ha investigado bastante sobre la presencia de la intertextualidad en la obra de Roberto Bolaño, especialmente en su relación con la literatura argentina y la literatura mexicana. Menos se ha dicho, empero, sobre autores menores que Bolaño no solo menciona reiteradamente, sino que reescribe en clave propia. Este es el caso de Sophie Podolski, a quien evoca en el poema que acabo de citar y en el poema en prosa «El Nilo», y cuyo nombre aparece, como hemos visto, en la lista de poetas del artículo de *Luna Park* que lee B en «Vagabundo entre Francia y Bélgica». Respecto de Sophie Podolski, Bolaño rememora: «Sophie Podolski fue una poeta a la que él y su amigo L apreciaron (*e incluso se podría decir que amaron*) ya desde México, cuando B y L vivían en México y tenían apenas más de veinte años» (2001: 82; énfasis mío).

El nombre de Sophie Podolski vuelve a aparecer en *Los detectives salvajes*, en *Amberes* y en algunos de los textos recogidos en

Entre paréntesis[2]. Conviene señalar que la corta vida y breve obra de Sophie Podolski, con su halo de juventud, locura y muerte, y la evocación/reescritura que hace Bolaño conjugan, con variaciones, la idea que vincula creatividad y locura, típica de los años sesenta y estrechamente ligada a la anti-psiquiatría de David Cooper y R.D. Laing. Desde esta perspectiva es que me interesa analizar el texto de Bolaño titulado «Compañeros de celda» (en *Llamadas telefónicas*), en el cual su protagonista —llamada justamente Sofía— se vuelve el centro de una compleja trama, no solo intra- e intertextual, sino también intersubjetiva.

Para empezar... ¿quién fue Sophie Podolski? Se trata de una poeta y grafista belga, nacida en 1953, que perteneció al colectivo de Montfaucon Research Center, una especie de comunidad hippie documentada por Joelle de la Casinière, quien se atribuía la formación del grupo junto con otros nómadas a los que les complacía la poesía gráfica y el arte de vivir[3]. Sabemos que

---

[2] En *Los detectives salvajes* hay tres menciones a Sophie Podolski y su obra (1998: 29, 30 y 84). En la última leemos: «Para no hablar de Francia, gran lengua de fagocitadores, en donde cien poetas maricones, desde Villon hasta *nuestra admirada Sophie Podolski* cobijaron, cobijan y cobijarán con la sangre de sus tetas a diez mil poetas maricas con su corte de filenos, ninfos, bujarrones y mariposas, excelsos directores de revistas literarias, grandes traductores, pequeños funcionarios y grandísimos diplomáticos del Reino de las Letras (véase, si no, el lamentable y siniestro discurrir de los poetas de *Tel Quel*» (1998: 84; énfasis mío).

[3] Laura Erber (2016) se refiere a Sophie como «la misteriosa poetisa de Bolaño», y señala que Bolaño ejerce «una poética de la lectura» que demanda un lector que se comporte como espía o detective, siguiendo pistas y descifrando textos. Erber asume esa función al proveer extensa información sobre Montfauçon, su creación y la presencia allí de Sophie, quien aparece también en un texto de Al Berto —uno de los fundadores del centro— como Zohía. «Naturalmente, Zohía é Sophie», afirma Erber (2016: en línea), y a continuación pasa a comentar «Luna calante», texto muy semejante al cuento de Bolaño «Compañeros de celda». En este rastreo, descubro otro dato inte-

Sophie sufría de esquizofrenia, con internaciones periódicas en instituciones psiquiátricas de Bruselas y París. En 1972 la editorial Montfauçon le publica *Le pays où tout est permis*, en una edición que incluye dibujos suyos y que reproduce su escritura manuscrita. En París, Philipe Sollers —marido de Julia Kristeva y director de *Tel Quel*— publica largos extractos del libro en los números 53 y 55 de la revista (1973) y otro, póstumo, en el número 74 de 1978. Me interesa señalar aquí que estos datos acerca de Sollers, *Tel Quel* y la relación entre Sollers y Sophie reenvían a un texto de Bolaño titulado «Laberinto», póstumamente publicado en *El secreto del mal*, que comienza así: «Están sentados. Miran a la cámara. Ellos son, de izquierda a derecha, J. Henric, J. Goux, Ph. Sollers, j. Kristeva, M.Th. Réveillé, P. Guyotat, C. Devade y M. Devade» (Bolaño 2007a: 65). En ese texto Bolaño describe la fotografía —«la foto, con casi toda probabilidad, está fechada en 1977» (2007a: 66)— de modo tal que los fotografiados van adquiriendo vida y se convierten en objeto de una narración que los integra/intersecta como si se tratara de un texto de Cortázar (al modo de «Las babas del diablo» o «Apocalipsis en Solentiname», o la versión fílmica del primero en *Blow up* de Antonioni). Bolaño se sirve de datos biográficos y bibliográficos para representar personajes que aman, pelean, complotan, intrigan y trabajan. Asimismo, situado en los márgenes de la fotografía (y al margen de la vida parisina), Bolaño inventa un joven centroamericano que visita la oficina de *Tel Quel* y cuya vida se intersecta brevemente con el grupo que aparece en la foto; un joven que podría, también, estar situado *literalmente al*

---

resante: al final de *El espíritu de la ciencia ficción,* novela de principios de los ochenta publicada póstumamente en 2016, aparecen textos manuscritos con diagramas y dibujos de Bolaño muy similares a los de Sophie en los setenta y a los del grupo mencionado en la revista *Luna Park*.

margen en el momento en que se toma la foto. Cabe presumir que ese centroamericano resentido, en cuyos ojos se reflejan el miedo y el horror, podría ser el mismo Bolaño. Bolaño seguía muy de cerca los pasos de Sollers, su revista, su mujer y su grupo, y en ese sentido bien podría haber leído el prefacio de Sollers al libro de Sophie (1973), así como la carta de Sophie (noviembre 29, 1972) que incluía un retrato suyo de Sollers que titula, curiosamente, «Portrait de la fragilité de Ph. Sollers». Sophie Podolski se suicida en Bruselas a los 21 años, y en 1980 la revista *Luna Park* publica su texto inédito *Reine des neiges*.

VI.

Por aquella época yo solía juntarme con anarquistas y feministas radicales y *leía libros más o menos acordes con mis amistades*. Uno de ellos era el de una feminista italiana, Carla no sé qué, el libro se llamaba *Escupamos sobre Hegel*. Una tarde se lo presté a Sofía, léelo, le dije, creo que es muy bueno. (Tal vez le dije que el libro le iba a *servir*). Al día siguiente, Sofía, de muy buen humor, me devolvió el libro y dijo que como ciencia ficción no estaba mal, pero que por lo demás era una porquería. ¿Tienes algo contra las italianas? le dije, ¿te hizo daño una italiana cuando eras pequeña? Dijo que no, pero que puestos en ese plan ella prefería leer a Valerie Solanas. Su autor preferido, contra lo que yo pensaba, no era una mujer sino un inglés, *David Cooper, el colega de Laing. Al cabo del tiempo yo también leí a Valerie Solanas y a David Cooper e incluso a Laing (los sonetos)*. (1997: 139; énfasis mío)

«Compañeros de celda» se publicó en la tercera parte de *Llamadas telefónicas* (1997), titulada «Vida de Anne Moore», homónima del relato que cierra la sección, que incluye también otros tres textos. Todos ellos tienen como protagonista a una mujer cuyo nombre, excepto en el caso de «Compañeros de celda», sirve también de título: «Clara» (participante en un concurso de belleza, objeto de una relación epistolar y telefónica con el narrador, que muere de cáncer); «Joanna Silvestri» (actriz porno italiana que rememora ante un detective chileno su filmación en Los Angeles y su último encuentro con otro actor porno que morirá, como tantos, de sida); y «Anne Moore» (cuya vida pareciera la más interesante y aventurera de todas).

En el pasaje citado de «Compañeros de celda» encontramos varios nombres que se corresponden con personas reales y cuya obra ha de contribuir en gran medida a definir la ideología de los años sesenta, intensamente compartida (literaria y existencialmente) por Bolaño. Empecemos por la crítica de arte italiana Carla Lonzi (1931-1982), devenida feminista radical, autora de *Sputiamo su Hegel*, donde cuestiona la famosa dupla amo/esclavo hegeliana y postula una nueva libertad para la mujer, fuera del matrimonio y la familia, dueña absoluta de su cuerpo y de su mente:

> Under the communist order of society the relationship between the two sexes will be a private one which will be the concern solely of those participating in it, and with which society cannot interfere. This will be made possible because of the elimination of private property and the communal education of children, and thereby the removal of the two foundations for marriage as we have known it up till now: the dependence of women on men and of children on their parents ensuing from the system of private ownership. (Lonzi 1970: en línea)

Se menciona a continuación a Valerie Solanas (1936-1988), feminista radical norteamericana, lesbiana, famosa por su *SCUM [Society for Cutting Up Men] Manifesto*, donde se critica la cultura patriarcal. Solanas exhorta allí a las mujeres a derrocar toda forma de gobierno, eliminar el sistema monetario internacional y hacer desaparecer al sexo masculino. La fama de Valerie Solanas reside también en su fallido intento de asesinar a Andy Warhol a finales de los sesenta, episodio tras el cual fue diagnosticada como esquizofrénica paranoide crónica. Norman Mailer la llamó «la Robespierre of feminism», en tanto que grupos feministas la consideraron una heroína de la causa. El *SCUM Manifesto* arranca con las siguientes palabras: «Life in this "society" being, at best, *an utter bore* and no aspect of "society" being at all relevant to women, there remains to civic-minded, responsible, thrill-seeking females only to overthrow the government, eliminate the money system, institute complete automation and eliminate the male sex» (1967: 1; énfasis mío).

Interesa también la referencia a las comunidades hippies de ese momento, críticas de un sistema social jerárquico, patriarcal y basado en valores estrictamente masculinos. Estas comunidades hippies aparecen originalmente en los Estados Unidos y son luego recreadas en Europa —por ejemplo, el grupo al que pertenecía Sophie. Se trata de comunidades que reemplazan a la familia tradicional y que constituyen nuevos núcleos sociales en las terapias de Cooper y Laing.

VII.

> But psychiatry can so easily be a technique of brainwashing, of inducing behavior that is adjusted, by (preferably) non-injurious torture. In the best places where straitjackets are abolished, doors are unlocked, leucotomies largely forgone, these can be replaced by more subtle lobotomies and tranquilizers that place the bars of Bedlam and the locked doors *inside* the patient. *Thus, I would wish to emphasize that our «normal» «adjusted» state is too often the abdication of ecstasy, the betrayal of our true poten-*

tialities, that many of us are only too successful by acquiring a false self to adapt to false realities.

R.D. Laing

Esquizofrenia es una situación de crisis microsocial en la cual los actos y la experiencia de cierta persona son invalidados por otros, en virtud de razones culturales y micro culturales (por lo general familiares) inteligibles, hasta el punto de que aquélla es elegida e identificada de algún modo como «enfermo mental», y su identidad de «paciente esquizofrénico» es luego confirmada (por un proceso de rotulación estipulado, pero altamente arbitrario) por agentes médicos o cuasimédicos.
Entre Artaud y sus psiquiatras hubo diálogos muy prolongados en los cuales el escritor defendió su creencia de que era víctima de hechizos de vudú y sostuvo su derecho a separarse de otras personas. Frente a ello, el psiquiatra le deletreaba concienzudamente la necesidad de que se adaptara a la sociedad. Pero en el crítico momento final del diálogo siempre se le formulaba la advertencia siguiente: «Si vuelve a hablar de hechizos, señor Artaud, tendremos que hacerle sesenta y cinco electroshocks». *En cierto sentido, el «enunciado delirante» de Artaud representaba una realidad profunda de su vida, realidad que, diecisiete años después de su muerte, apenas estamos comenzando a apreciar. Él ha dicho cosas más pertinentes acerca de la locura que todos los textos de psiquiatría, pero el problema era que Artaud vio demasiado la verdad y habló demasiado acerca de ella.*

David Cooper

También encontramos en «Compañeros de celda» los nombres de David Cooper y R.D. Laing, quienes representan el momento álgido de la contracultura de los años sesenta con la proclamación de la igualdad entre sexos y la libertad sexual, la muerte de la familia y el cuestionamiento de toda relación de poder, en la línea de Marcuse, Foucault y Sartre. Cooper y Laing, psiquiatras formados en la escuela inglesa, crearon la Philadelphia Association y establecieron un proyecto de comunidad psiquiátrica en Kingsley Hall donde pacientes y terapistas vivían juntos. También participaron en el Congress on the Dialectics of Liberation (Londres, 1967) que incluyó entre sus invitados a Paul Goodman, Allen Ginsberg, Marcuse, un miembro de los Black Panthers y Jean-Paul Sartre, si bien este último canceló su asistencia a último momento.

Uno de los exergos de este epígrafe es justamente la definición tentativa de la esquizofrenia que hace Cooper en la introducción de su libro *Psiquiatría y Anti-psiquiatría*, donde cuestiona la práctica psiquiátrica y su concepción del enfermo, sobre todo del llamado «esquizofrénico», como una práctica institucional reduccionista y de adaptación social forzada. Cooper se inscribe en la línea existencialista hegeliana y cita con frecuencia a Jean Genet, Antonin Artaud o el texto «La cantante calva» de Ionesco como ilustraciones de su concepción.

R.D. Laing creó, junto a Cooper, la noción de anti-psiquiatría, y fue otra figura de culto de los sesenta y setenta, con su uso personal de drogas, su actitud anti-establecimiento y su creatividad. Laing también se interesó por la filosofía (creó el Socratic Club presidido por Bertrand Russell) y, como músico fue parte del Royal College of Music. En 1986 Laing entrevista a Van Morrison, quien discute su interés en basar su música en una constante repetición para inducir, en el oyente, la meditación transcendental —la repetición neurótica y el budismo son tópicos recurrentes en la obra de Laing—. Laing consideraba, y esto me interesa particularmente destacarlo, que la psiquiatría debería tomar como modelo la exégesis textual, más que la explicación científica, para descifrar el discurso del enfermo mental. Asimismo, basándose en la fenomenología de Husserl y en el existencialismo de Heidegger y Sartre, Laing valida la subjetividad y la experiencia en oposición a una supuesta objetividad que reprime y censura al Otro, es decir, todo aquello que se presenta como diferente. Laing se opone a considerar el lenguaje del psicótico, resultado de nociones de conformidad y normativización, como *ininteligible*. Por eso su idea de verdad justifica el discurso anómalo del esquizofrénico en analogía con el discurso poético que descubre nuevos significados, sonidos y movimientos, en oposición a un mundo despersonalizado y deshumanizado.

VIII.

Pareciera que tenemos ahora ante nosotros todas las piezas del rompecabezas, pero como sucede a menudo, el todo no es igual a la suma de las partes. De lo que se trata ahora, después de haber desplegado aquí varios de los intertextos e intratextos pertinentes, es determinar cuál es el sentido de esta *pesquisa*. O mejor incluso: se trata de ver si esta pesquisa tiene algún sentido en sí misma o es solo el acto estéril de acumulación de materiales diversos y fácilmente accesibles para justificar un texto crítico que no agrega nada al texto del que se ocupa.

Volvamos a empezar, entonces, tratando de pensar cuál es el proceso creador de Bolaño, al menos en los textos que he presentado aquí. ¿Se nutre Bolaño, vampíricamente, de materiales ajenos? ¿Se vuelve *travesti* de vidas prestadas (el caso de la fotografía que cobra vida en «Laberintos», o de su parcial identificación con Sophie Podolski)? O, necrofílicamente, ¿se enamora de criaturas enfermas y suicidas (Sophie)? Y si eso fuera verdad, ¿de qué modo las recrea —el caso de Sofía, por ejemplo, en «Compañeros de celda»— en sus propios textos? ¿Hasta qué punto esas maniobras son el resultado de la inspiración poética, o de la cínica manipulación de textos y vidas ajenas para tramar sus propios textos, o de la voluntad de ser portavoz de un imaginario colectivo nutrido por las teorías y prácticas contestatarias de los años sesenta y setenta? Por el momento podríamos decir que *all of the above*.

Pero volvamos al principio, o sea, al poema titulado «Sophie Podolski». Allí el poeta tiene frío y está «hastiado» —*l'ennui*, como sabemos, es un sentimiento venerado por románticos y simbolistas, que reaparece en el texto de Valerie Solanas («Life in this "society" being at its best an utter bore»). La única salida posible sería entonces huir al país de Sophie, *donde todo está permitido*[4]. Hay también, como ya se ha dicho, otro texto incluido en *La Universidad desconocida* titulado «El Nilo» que empieza así: «El infierno que vendrá... Sophie Podolski se suicidó hace varios años... Ahora tendría veintisiete, como yo...» (Bolaño 2007b: 316). A continuación, se suceden varios planos, uno junto al Nilo donde a los campesinos se les paga con heroína; otro es la voz de la radio que anuncia detenidos y decomiso de armas; se repite «Una muchacha que escribía dragones totalmente podrida en un nicho de Bruselas», para volver luego al plano personal: «Estoy solo. Toda la mierda literaria ha ido quedando atrás. Revistas de poesía, ediciones limitadas, todo ese chiste gris quedó atrás», y a la identificación del poeta con Sophie: «Edificios abandonados de Barcelona, casi como una invitación para suicidarse

---

[4] Es cierto que Sollers escribe el prólogo para el libro de Sophie y hasta es retratado por ella en su «Portrait de la *fragilité* de ph.S». Sin embargo, la relación Sollers/Sophie se establece desde una asimetría de poder. En el caso de Bolaño y Sophie los hermana el margen, la soledad, la pobreza, el anonimato (al menos en vida), y la transhumancia.

en paz»; vuelven a sucederse los campesinos en el Nilo y la línea final: «Una muchacha belga que escribía como una Estrella... Ahora tendría 27, como yo...» (2007b: 316)

Como ya señalamos, esa muchacha fue también la musa (o una de las tantas musas) de Philipe Sollers, destinatario de una carta y un dibujo suyos, y a la que Sollers agradece desde «Biologie», el prólogo que escribe para *Le pays où tout est permis*. Dentro de este contexto, ¿dónde está ubicado Bolaño y desde dónde los reescribe a ambos? Sospecho que Bolaño no solo contempla a Sollers desde la marginalidad del poeta desconocido y resentido en París (encarnado en el centroamericano que *se añade* a la foto de Sollers y compañía en «Laberintos), sino que Bolaño *es también* Sophie, se identifica con ella y experimenta la fascinación del suicidio. Todo eso es posible y va marcando la configuración de una peculiar *topografía textual* que mima la geografía real (Francia/ Bélgica/ Latinoamérica o España) y la posición centro/margen en la que los protagonistas se mueven. A Sophie y a Bolaño (y luego a Sofía, la protagonista de «Compañeros de cárcel») los unen el margen, la pobreza y la locura en oposición al orden cartesiano y la fama de Sollers, su revista, su mujer y eventualmente sus amigos, tal como están presentados en la fotografía y ficcionalizados en la visión idealizada (y ambivalente) de Bolaño. La composición del personaje Sofía/Sophie sería entonces el resultado de un modelo proveniente de la realidad externa o mundo real (la verdadera existencia de una joven poeta llamada Sophie Podolski) al que se suman las proyecciones y fantasías inconscientes de Bolaño. Estas fantasías consisten en varias operaciones simultáneas: una identificación con Sophie, una fantasmática presencia en el mundo idealizado francés en torno a Sollers y su grupo, y una reescritura de la concepción británica (Laing y Cooper), romantizada como se ha dicho, de la esquizofrenia encarnada en Sophie, de la que el narrador sería un testigo solidario y empático.

Quiero mencionar ahora brevemente otra reescritura de Sophie, en *Amberes* (2002), en cuyo prefacio, titulado «Anarquía total: veintidós años después», dice Bolaño: «Escribí este libro para mí mismo, y ni de eso estoy muy seguro», para inmediatamente corregirse: «Escribí este libro para los fantasmas, que son los únicos que tienen tiempo, porque están fuera del tiempo» (2002: 9), en una época en la que, declara, «vivía a la intemperie y sin permiso de residencia»; «mi enfermedad entonces era el orgullo, la rabia y la violencia» (2002: 10). En «La totalidad del viento», el segundo de los textos cortos que forman el volumen, leemos: «y las noticias dicen que Sophie Podolski kaput en Bélgica, la niña del Montfaucon Research Center (un olor indigno de una mujer)» (2002: 16); luego pasa a hilvanar, dentro de su texto, fragmentos del texto de ella y en especial una frase, que se repite: «camareros de temporada caminando por una playa desierta a las ocho de la noche... / camareros de temporada caminando por la playa...» (2002: 16, 17). El grupo hippie que habita el camping, integrado por desorbitados y transgresores —«follaban en todas partes, quiero decir: follaban en grupo y en donde les venía en ganas» (2002: 23)— y en el que Bolaño se incluye, es similar al de Sophie[5] en Montfaucon Research Center —«una muchacha que escribía dragones, totalmente podrida en algún nicho de Bruselas» (2002: 25). Desdoblado en testigo empático y gemelo identificatorio («Sophie Podolski se suicidó hace varios

---

[5] Joelle de La Casinière la retrata así: «She needed food for thought» [...] «She was very curious and enthusiastic, was immersed in the atmosphere and debates in the house and sympathized with the anarchist spirit of the place. But she was also a free spirit herself, who came and went, who would work extremely fast at the house for a few days and then go home to Bosvoorde/Boitsfort to be with her mother and sister, or disappear for a while just to be active or go out in the city, where she knew a lot of people. She was very much attached to her freedom and autonomy» (Snoekx 2018: en línea).

años... Ahora tendría veintisiete, como yo...»), ella se constituye en su doble deseado: «Una muchacha belga que escribía como una estrella» (2002: 26). La crítica considera que *Amberes* es un texto difícil de leer, más poético que narrativo, fragmentario, a veces incoherente y cuyo flujo imita la asociación libre. Se trata de un poema en prosa más que de una novela (Bolaño se refiere a *Amberes* como novela), constituido por 56 sketches y claramente inspirado en la escritura de Sophie Podolski y su reescritura por Phillippe Sollers (datada en los setenta), pautado por la asociación libre y por fragmentos autobiográficos que se reiteran. Reaparece el camping rodeado de chalés solitarios, la piscina y el bosque circundante junto al mar, habitado por una población trashumante, policías que abusan de las muchachas, un jorobadito, la droga, la pantalla del cine al aire libre, un inglés, la playa, pasillos de hoteles deshabitados, Bolaño con 27 años. El ya mencionado «El Nilo», recogido en *La Universidad desconocida*, aparece también en *Amberes* como la viñeta número 7:

> El infierno que vendrá... Sophie Podolski se suicidó hace varios años... Ahora tendría veintisiete como yo... Patrones egipcios en el cielorraso, los empleados se acercan lentamente, campos polvorientos, es el fin de abril y les pagan con heroína... He encendido la radio, una voz impersonal hace el recuento por ciudades de los detenido en el día de hoy... «Hasta la cero horas, sin novedad»... Una muchacha que escribía dragones, totalmente podrida en algún nicho de Bruselas... «Metralletas, pistolas , granadas decomisadas»... Estoy solo, toda la mierda literaria ha ido quedando atrás, revistas de poesía, ediciones limitadas, todo ese chiste gris quedó atrás... El tipo abrió la puerta con la primera patada y te puso la pistola debajo del mentón... Edificios abandonados de Barcelona, casi una invitación para suicidarse en paz... El sol detrás de la cortina de polvo en el atardecer junto al Nilo... El patrón paga con heroína y los campesinos esnifan en los surcos,

tirados sobre las mantas, bajo palmeras escritas que alguien corrige y hace desaparecer... Una muchacha belga que escribía como una estrella... «Ahora tendría veintisiete, como yo»... (2002: 25-26)

Volvamos ahora a «Compañeros de celda», cuya protagonista se llama Sofía, es anoréxica, se droga y dice estar volviéndose loca. En un momento dado Bolaño, que está hablando de Cooper y su estadía en Argentina, durante la cual trataba a los militantes de izquierda con drogas, pasa a hablar de Sofía: «Sofía también se drogaba. Tomaba LSD y anfetaminas y rohipnoles, pastillas para subir y pastillas para bajar y pastillas para controlar el volante de su coche. Un coche al que yo, por precaución, rara vez me subía» (Bolaño 1997: 140). Sofía folla todo el tiempo con todo el mundo y sostiene incluso encuentros maratónicos con B, el narrador: «Al principio yo trataba de agotarla. Comenzábamos a las once y no parábamos hasta las cuatro de la mañana, pero me di cuenta de que no existía manera de agotar a Sofía» (1997: 139). Tiene, además, hábitos alimenticios peculiares, solo come puré en polvo disuelto en agua. «Disolvía los copos de puré en agua tibia, me explicó más tarde, porque odiaba la leche. Nunca la vi ingerir productos lácteos, decía que eso seguramente era un problema mental que arrastraba desde la infancia, algo relacionado con la madre» (1997: 138). El título del texto, «Compañeros de celda» se explica a mitad de la narración:

> Aquella casa tan grande en donde en los buenos tiempos vivimos cinco personas se convirtió en una ratonera. A veces me imaginaba a Sofía en la cárcel, en Zaragoza, en noviembre de 1973 y me imaginaba a mí detenido durante unos pocos, pero decisivos días en el hemisferio sur, por las mismas fechas, y aunque me daba cuenta de que ese hecho, esa casualidad, estaba cargada de significados, no podría descifrar ni uno. Las analogías solo me confunden. (1997: 142)

Una vez más Bolaño superpone planos diferentes, estableciendo conexiones entre su propio pasado (la cárcel en el hemisferio sur, detenidos y decomiso de armas bajo Pinochet) y Sofía (en la cárcel de Zaragoza, bajo Franco) para concluir afirmando que «las analogías solo me confunden». A propósito de una reciente exposición de la obra de Sophie Podolski en Bruselas, Joelle de la Casinière, amiga íntima de Sophie y directora del filme *Dans la Maison (du Montfaucon Research Center)* describe la casa que habitaban como un edificio muy grande con muchas habitaciones donde convivían cinco artistas, y donde Sophie era huésped permanente. Durante su estancia en la casa, rememora, Sophie escribía y dibujaba sin parar y se nutría «como una esponja» de lo que ocurría allí (Snoekx 2018: en línea).

En el texto de Bolaño, después de un viaje juntos a Portugal con paradas en distintos lugares —«Tuve la impresión de que Sofía estaba visitando a todos sus ex-amantes. Tuve la impresión de que se estaba despidiendo de ellos, una despedida carente de placidez o aceptación» (1997: 141)—, Sofía empieza a deteriorarse, casi no come, desaparece de la casa y se va convirtiendo en «un fantasma»: «aparecía sin hacer ruido, se encerraba en su cuarto en el baño y al cabo de unas horas volvía a desaparecer» (1997: 142). Finalmente deja la casa, y desaparece por un tiempo de su vida hasta que se encuentran en la calle: «Paseaba por las Ramblas; parecía perdida»; él la acompaña hasta su casa, pero ella no lo deja entrar: «Debí preguntarle qué pasaba, pero me fui sin hacer ningún comentario, aceptando las cosas tal como son, tal como a ella le gustaba tomarlas» (1997: 143). Cuando vuelve a su casa, una semana después, ella lo recibe desnuda, nuevamente le impide entrar e interrogada acerca de su conducta, «Su respuesta fue inesperada. Mi novio debe estar a punto de llegar y no le gusta encontrarme en compañía de nadie, sobre todo si es un hombre» (1997: 143). Desconcertado ante su comportamiento y su respuesta, tan diferentes de los de la Sofía que conocía, le dice «Tú no debes estar muy bien de la cabeza, no sé si te das cuenta de lo que dices, te han cambiado, no te conozco», a lo que ella contesta: «Soy la misma de siempre, eres tú el imbécil que no se da cuenta de nada» (1997: 144). Un año después de ese episodio incomprensible (al menos para él), se encuentra a la salida del cine con una amiga en común y hablan de Sofía. La amiga le cuenta que Emilio, un ex-amante de Sofía, fue invitado a visitarla:

> Seis o siete meses atrás Emilio recibió una llamada telefónica de Sofía. Según le contó después a Nuria, Sofía habló de monstruos, de conspiraciones, de asesinos. Dijo que lo único que le daba más miedo que un loco era alguien que premeditadamente arrastrara a otro hacia la locura. Después lo citó en su casa, la misma a la que yo había ido en un par de ocasiones. (1997: 144)

Cuando el amigo de Nuria, Emilio, llega a la casa, a Sofía la acompaña un hombre al que llama «mi marido» y que, dijo, «quiere explicarte algunas cosas de la vida»; Emilio piensa que es «a él a quien ella llama marido hasta que comprende que "el marido" era el otro, que allí pasaba algo malo, muy malo» (1997: 145). Ambos lo atacan y el *marido* trata de estrangularlo, sin éxito. Tras esta historia, y pese a la advertencia de su amiga («te explico esto por si tienes la tentación de visitar a Sofía»), el narrador vuelve a la casa y la encuentra sola. Lo impresionan su apariencia fantasmal, el silencio de la casa desierta, la ausencia total de comida o de libros. Una intensa sensación de vacío y frío mortal signa el reencuentro: «Hicimos el amor lentos y desesperados, igual que antes. Hacía frío y yo no me desvestí. Sofía, en cambio, se desnudó del todo. Ahora estás helada, pensé, helada como una muerta y no tienes a nadie» (1997: 147).

IX.

> They are playing a game. They are playing at not
> Playing a game. If I show them I see they are, I
> Shall break the rules and they will punish me.
> I must play their game, of not seeing I see the game.
>
> R.D. Laing

Acabo de leer un poema reciente de Luisa Futoranski, «Atando cabos», y esa expresión, que no veía desde hace tiempo, me hace pensar en los poemas de Laing, *Knots* —nudos, en español. El poema que acabo de citar, acerca de jugar un juego, me hace pensar que para Freud el poeta es el adulto que juega. También para Winnicott y, como se ve aquí, para Laing. Yo agregaría que el crítico literario es el que ve a los otros jugar, a menudo «jugar con fuego», como en el caso de Sophie o de Bolaño. O sea, creatividad y locura o, en palabras de Cooper y Laing, esquizofrenia y creación. Hay juegos inocentes y hay juegos peligrosos. Desde la protección distanciada, pero también empática —¿cómo podría ser de otro modo?—, he intentado acercarme a los juegos de Bolaño y Sophie en el entramado de la anti-psiquiatría, la libertad y la utopía de los años sesenta.

Volviendo al par Bolaño/Sophie Podolski, ella pareciera representar, entre muchas otras cosas, la evasión mediante la transgresión de toda norma (social, política y artística); con su suicidio se entrega a la fuga última, la muerte. Retomando a Borges podría decirse que Sophie, en la reescritura de Bolaño, es *esa esfera cuyo centro está en todas partes y la circunferencia en ninguna*; desde ella parten/convergen/regresan múltiples radios de significado. Poe decía que la muerte de una mujer joven y hermosa era el tópico más poético del mundo. Bolaño fantasea con Sophie, hermosa y muerta, pero antes de ese fin último Sophie encarna la poetisa libre y vagabunda aun cuando esa libertad tenga, como todo, su precio y su premio. Es la locura, libre de toda atadura mental o social, y encarna el caos, pero es (también) la inspiración que conecta a Bolaño con la creatividad representada por *Tel Quel* (al menos en la imaginación calenturienta, envidiosa y resentida del marginal) y por la contracultura de los sesenta. ¿Quién puede resistirse a semejante musa? No lo hace Bolaño, tampoco Sollers.

Postdata

Una aclaración tal vez necesaria. Bajo la superficie de mi lectura de los textos de Bolaño laten dos orientaciones de la crítica literaria contemporánea.

Una es la intertextualidad: Julia Kristeva, a fines de los sesenta y a instancias de Roland Barthes, reescribe el dialogismo y el carnaval bajtiniano al afirmar que todo texto es un intertexto y que los textos no son actos aislados, sino que forman parte de un discurso sociocultural. Kristeva conjuga así dialogismo, semiosis e ideología, a lo que agrega, en su condición de psicoanalista, la noción de intersubjetividad, donde la dupla analista/paciente sería el doble análogo de autor/lector. La intersubjetividad, entonces, sería la segunda orientación que subyace a mi lectura.

Bibliografía

AKERET, Robert (1972): *Not by words alone.* New York: Peter H. Wyden.
— (1973): *Photoanalysis. How to interpret the hidden psychological meaning of personal and public photographs.* New York: Peter H. Wyden.
— (1975): «Reminiscence of supervision with Erich Fromm». En *Contemporary Psychoanalysis* 11: 461-462.
— (1995): *Tales from a traveling couch. A psychotherapist revisits his most memorable patients.* New York: Norton.
— (2016): «Tara: not by the Book». En *Attachments: New Directions in Psychotherapy and Relational Psychoanalysis Journal* 10 (2): 98-100.
ANZIEU, Didier (1993): *El cuerpo de la obra. Ensayos psicoanalíticos sobre el trabajo creador.* Madrid: Siglo XXI.
BAJTÍN, Mijail (1988): *Problemas de la poética de Dostoievski.* México: Fondo de Cultura Económica.
BARNETT, Joseph (1978): «On the dynamics of interpersonal isolation». En *Journal of the American Academy of Psychoanalysis* 6 (1): 59-70.
BATTISTON, Régis & WEIGEL, Philippe (2010): *Autour de Serge Doubrovsky.* Paris: Horizons.
BETTELHEIM, Bruno (1976): *The uses of enchantment. The meaning and importance of fairy tales.* New York: Alfred A. Knopf.
BIOY CASARES, Adolfo & OCAMPO, Silvina (1977): *Antología de la literatura fantástica.* Buenos Aires: Sudamericana.
BLANCHARD-LAVILLE, Claudine & DUBOIS, Arnaud (2013): «Entretien avec Jean François Chiantaretto». En *Clinique et écriture* 2: 141-155.
BOLLAS, Christopher (1984): «Loving Hate». En *Annual of Psychoanalysis* 12: 221-237.

Bolaño, Roberto (1997): *Llamadas telefónicas*. Barcelona: Anagrama.
— (1998): *Los detectives salvajes*. Barcelona: Anagrama.
— (1999): *Amuleto*. Barcelona: Anagrama.
— (2001): *Putas asesinas*. Barcelona: Anagrama.
— (2002): *Amberes*. Barcelona: Anagrama.
— (2004): *Entre paréntesis*. Barcelona: Anagrama.
— (2007a): *El secreto del mal*. Barcelona: Anagrama.
— (2007b): *The Unknown University* [edición bilingüe]. New York: New Directions.
— (2016): *El espíritu de la ciencia ficción*. Santiago de Chile: Penguin Random House.
Borges, Jorge Luis (1974a): «Arte de injuriar». En *Obras Completas*. Buenos Aires: Emecé, 419-423.
Borges, Jorge Luis (1974b): «Biografía de Isidoro Tadeo Cruz (1829-1874)». En *Obras Completas*. Buenos Aires: Emecé, 561-563.
Chalfen, Richard (1974): «Review of *Photo analysis* by Robert Akeret». En *Studies in Visual Communication* 1 (1): 57-60.
Chestier, Aurore (2007): «*Le livre brisée* ou le jeu de l'écriture tendue à miroir». En *Image & Narrative* 19: <https://www.imageandnarrative.be/inarchive//autofiction/chestier.htm>.
Chiantaretto, Jean François (1995): *De l'acte autobiographique. Le psychanalyste et l'écriture autobiographique*. Paris: Champ Vallon.
— (2015): «Le témoin interne: écriture de soi, trauma et psychopathologie des limites». En *Revue Belge de Psychanalyse* 67 (2): 15-30.
— (2017a): «Lecture de psychanalyste: l'écoute de l'écoute». En *Nouvelle Quinzaine Littéraire* 1181: 14-15.
— (2017b): «Le psychanalyste et la figure du témoin interne dans les écritures du moi». En *Du lieu de l'écriture. Rencontre entre psychanalystes et écrivains*. Numéro special 30 anniversaire. *Bulletin Psychanalytic Montréal* 29 (2): 11-22.
Colonna, Vincent (2004): *Autofiction et autres mythomanies littéraires*. Paris: Tristram.
Corbatta, Jorgelina (1994): «Metáforas del exilio y la intertextualidad en *La nave de los locos* de Cristina Peri Rossi y *Novela negra con argentinos* de Luisa Valenzuela». En *Revista Hispánica Moderna* XLVII (1): 167-183.

— (2014): *Borges y yo / Borges y los otros*. Buenos Aires: Corregidor.
CORTÁZAR, Julio (1984): «Las babas del diablo». En *Las armas secretas*. Madrid: Alfaguara, 67-84.
COSTE, Bénédicte (2008): «Le livre laissé ouvert sur le divan». En *Acta Fabula* 9 (2): <https://www.fabula.org/acta/document3899.php>.
COOPER, David (1971): *Psiquiatría y anti-psiquiatría*. Buenos Aires: Paidós.
DÍAZ, Gwendolyn (2009): *Mujer y poder en la literatura argentina. Relatos, entrevistas y ensayos críticos*. Buenos Aires: Emecé.
DOUBROVSKY, Serge (1974): *La place de la madeleine. Écriture et fantasme chez Proust*. Paris: Mercure de France.
— (1977): *Fils*. Paris: Galilée.
— (1980): «L'initiative aux maux: écrire sa psychanalyse». En *Parcours critiques*. Paris: éditions Galilée.
— (1982): *Un amour de soi*. Paris: Hachette.
— (1989): *Le livre brisé*. Paris: Grasset.
— (1992a): «Autobiographie/verité/psychanalyse». En *Autobiographiques. De Corneille a Sartre*. Paris: PUF, 61-79.
— (1992b): «Corps du texte/texte de corps». En *Autobiographiques. De Corneille a Sartre*. Paris: PUF, 43-60.
— (1992c): «Sartre: retouches à un auto portrait». En *Autobiographiques*, 123-167.
— (1993): «Textes en main». En Doubrovsky, Serge & Lecarme, Jacques & Lejeune, Philippe: *Autofiction & Cie*. Paris: Université Paris X, 207-217.
— (1994): *L'après vivre*. Paris: Bernard Grasset.
— (1999): *Laissé pour conte*. Paris: Bernard Grasset.
— (2011): *Un homme de passage*. Paris: Grasset.
DURAS, Marguerite (1985): *The Lover*. New York: Pantheon Books.
ERLICH, Shmuel (1998): «On loneliness, narcissism, and intimacy». En *The American Journal of Psychoanalysis* 58: 135-162.
ERBER, Laura (2016): «Che ne è stato di Sophie Podolski? / La misteriosa poetessa di Bolaño». En *Doppiozero*, 22 de mayo: <https://www.doppiozero.com/la-misteriosa-poetessa-di-bolano>.
FERNÁNDEZ VITALE, Angela & VIDAL DOMÍNGUEZ, Florencia (2019): «Entrevista a Luisa Valenzuela». En *Lectura lacaniana*, 4

de noviembre: <http://www.lectura lacaniana.com.ar/entrevista-a-luisa-valenzuela>.

FREUD, Sigmund (1945) «Dostoievsky and parricide». En *The International Journal of Psycho-Analysis* 26 (1-2): 1-8.

— (1961): *Beyond the pleasure principle*. New York: Norton.

— (1966): «The sexual life of human beings». En *Introductory lectures on psychoanalysis*. New York: Norton, 375-396.

— (1986): *The relation of the poet to daydreaming. On creativity and the unconscious*. London: Harper and Row, 44-55.

— (2009): *On creativity and the unconscious*. New York: Harper Perennial.

GARCÍA PINTO, Magdalena (1988): *Historias íntimas. Conversaciones con diez escritoras latinoamericanas*. Hanover: Ediciones del Norte, 215-250.

GASPARINI, Philippe (2004): *EST-IL-JE? Roman autobiographique et autofiction*. Paris: Seuil.

GOLANO, Elena (1982): «Soñar para seducir: Entrevista con Cristina Peri Rossi». En *Quimera* 25: 47-50.

GREEN, André (1977): «Conceptions of Affect». En *The International Journal of Psychoanalysis* 58: 129.

GRELL, Isabelle (2014): *L'autofiction*. Paris: Armand Colin.

HOLM, Helge Vidar (2017): «Serge Doubrovsky et la nécessité du passage des frontières». En Chartier, Daniel & Holm, Helge Vidar & Skagen, Margery & Savoie, Chantal (eds.): *Frontières. Actes du colloque québéco-norvégien*. Montréal / Bergen: Imaginaire / Nord, 63-75.

HOLST, Spencer (1993): «True Confessions Stories». En *The Zebra Storyteller. Collected Stories by Spencer Holst*. New York: Station Hill Literary Editions.

HUGHES, Alex (1999): «Autobiographical desires: repetition and rectification in Serge Doubrovsky's *Laissé pour conte*». En *French Studies* 55 (2): 179-193.

HUGHES, Psyche (1984): «Interview with Cristina Peri Rossi». En Schipper, Minelle (ed.): *Unheard Words*. London / New York: Allison G. Brisby, 255-274.

JACKSON, Rosemary (1981): *Fantasy. The Literature of Subversion*. New York: Routledge.

KRISTEVA, Julia (1967): «Bakhtine, le mot, le dialogue et le roman». En *Critique* 239: 438-465.
— (1986): «Word, dialogue and novel». En Moi, Toril (ed.): *The Kristeva Reader*. New York: Columbia University Press, 34-61.
— (1991): *Strangers to Ourselves*. New York: Columbia University.
— (2002): «"Nous deux" or a (hi)story of intertextuality». En *The Romanic Review* 93 (1-2): 7-13.
LAING, R.D. (1965): *The divided self*. London / New York: Penguin.
— (1972): *Knots*. New York: Vintage Books.
LEE, Sarah & BILBIJA, Ksenija (2001): «Luisa Valenzuela, The Art of Fiction No. 170» [entrevista]. En *The Paris Review* 160: <https://www.theparisreview.org/interviews/449/the-art-of-fiction-no-170-luisa-valenzuela>.
LEJEUNE, Philippe (1975): *Le pacte autobigraphique*. Paris: Seuil.
— (1986): *Moi aussi*. Paris: Seuil.
LEVINSON, Luisa Mercedes (1984): *The Two Siblings and other stories*. Pittsburgh: Latin American Literary Review Press.
LINDNER, Robert (2002): *The fifty-minute hour*. New York: Other Press.
LONZI, Carla (1970): «Let's Spit on Hegel». En *Blackout (poetry & politics)*, 18 de noviembre: <https://my-blackout.com/2020/11/18/carla-lonzi-lets-spit-on-hegel>.
MACI, Guillermo (1986) «The Symbolic, the Imaginary and the Real in Luisa Valenzuela's *He Who Searches*». En *The Review of Contemporary Fiction* 6 (3): 67-79.
MAGHERINI, Graziella (1987): *Mi sono inamorato de una statua. Oltre la Sindrome de Stendhal*. Firenze: Nicomp.
— (1989): *La sindrome di Stendhal*. Florencia: Ponte alle Grazie.
MIRAUX, Jean-Philippe (2005): *La autobiografía. Las escrituras del yo*. Buenos Aires: Nueva Visión.
MITCHELL, Julie (2014): «Siblings and The Psychosocial». En *Organizational & Social Dynamics* 14 (1): 1-12.
PAGÈS, Jean Luc (1997): *Le jeu de l' autocritique littéraire à l'autofiction. De Proust à Doubrovsky*. Paris: Presses Universitaires Françaises.
PÉREZ FONDEVILA, Aina (2005): «Del deseo y sus accesos: una entrevista a Cristina Peri Rossi». En *Lectora* 11: 181-193.

PÉREZ SÁNCHEZ, Gema (1995): «Cristina Peri Rossi: Entrevista». En *Hispamérica* 72: 59-72.
PERI ROSSI, Cristina (1984): *La nave de los locos*. Barcelona: Seix Barral.
— (1987): «Contar para descubrir». En *Puro cuento*, mayo junio: 3-7.
— (1988): *Solitario de amor*. Barcelona: Seix Barral.
— (1991a): «Acerca de la escritura». En Gorenberg, Mónica (ed.): *Acerca de la escritura*. Zaragoza: Prensas Universitarias de Zaragoza, 13-19.
— (1991b): *Fantasías eróticas*. Barcelona: Seix Barral.
— (1992): *La última noche de Dostoievski*. Barcelona: Seix Barral.
— (1999): *El amor es una droga dura*. Barcelona: Seix Barral.
— (2003a) «Poesía y pintura». En *Revista Canadiense de Estudios Hispánicos* 28 (1): 3-9.
— (2003b): *Estado de exilio o Ida y Vuelta*. Madrid: Visor.
— (2007): *Cuentos reunidos*. Barcelona: Random House/Mondadori.
— (2012): *Habitaciones privadas*. Palencia: Menoscuarto.
PIGLIA, Ricardo (2005): *El último lector*. Barcelona: Anagrama.
PODOLSKI, Sophie (1972): *Le pays ou tout est permis*. Bruxelles: Montfaucon Research Center.
— (1973): *Le pays ou tout est permis*. Paris: P. Belford.
PRAGER, Jeffrey (2005): «Stories of sex and abuse in the psychoanalytic consulting room». En Frank, Alan & Clough, Patricia T. & Seidman, Steven (eds.): *Intimacies. A new world of relational life*. New York: Routledge, 181-205.
ROBIN, Régine (1997): «L'auto-théorisation d'un romancier: Serge Doubrovsky». En *Etudes françaises* 33: 145-159.
SAN ROMÁN, Gustavo (1992): «Entrevista a Cristina Peri Rossi». En *Revista Iberoamericana* LVIII (160-161): 1042-1048.
SNOEKX, Kurt (2018): «Children of the Revolution: the forgotten poetry of Sophie Podolski». En *Bruzz*, 17 de enero: <https://www.bruzz.be/en/expo/children-revolution-forgotten-poetry-sophie-podolski-2018-01-17>.
SOLANAS, Valerie (1967): *SCUM Manifesto*. New York: Olympia press.
STAROBINSKI, Jean (2008): *La relación crítica*. Buenos Aires: Nueva Visión.

THOMAS, Valérie (2011): «Autofiction et culpabilité dans *Le Livre Brisé* de Serge Doubrovsky» [Mémoire]. Université de Quebec à Montréal: <https://archipel.uqam.ca/4462/1/M12367.pdf>.
TREMBLAY, Suzanne (2017): «Du lieu de l'écriture. Rencontre entre psychanalystes et écrivains». En *Bulletin Psychanalytique de Montreal* 29: 2.
VALENZUELA, Luisa (1966): *Hay que sonreír*. Buenos Aires: Americalee.
— (1977): *Como en la Guerra*. Buenos Aires: Sudamericana.
— (1982): *Cambio de armas*. Hanover: Ediciones del Norte.
— (1983): *Cola de lagartija*. Buenos Aires: Bruguera.
— (1986): «The Other Face of the Phallus». En Chevigny, Bell Gale & Laguardia, Gari (eds.): *Reinventing the Americas. Comparative studies of literature of the United States and Spanish America*. Cambridge: Cambridge University Press.
— (1991a): *El gato eficaz*. Buenos Aires: Ediciones de la Flor.
— (1991b): *Novela negra con argentinos*. Buenos Aires: Sudamericana.
— (1993): *Simetrías*. Buenos Aires: Sudamericana.
— (1998): *Antología personal*. Buenos Aires: Ediciones Movilizador de Fondos Cooperativos.
— (2001a): *La travesía*. Buenos Aires: Grupo Editorial Norma.
— (2001b): *Peligrosas palabras*. Buenos Aires: Temas Grupo Editorial.
— (2002): *Los deseos oscuros y los otros*. Buenos Aires: Grupo Editorial Norma.
— (2003): *Escritura y secreto*. Madrid: Fondo de Cultura Económica.
— (2004): *Trilogía de los bajos fondos*. México: Fondo de Cultura Económica.
— (2007): *Acerca de Dios (o Aleja)*. Rosario: Fundación Ross.
— (2011): *Cuidado con el tigre*. Buenos Aires: Planeta.
WINNICOTT, D. W. (1958): «The capacity to be alone». En *The International Journal of Psychoanalysis* 38: 416-420.
— (1960): «The theory of the parent-infant relationship». *The International Journal of Psychoanalysis* 41: 585-596.
— (1968): «Playing: its theoretical status in the clinical situation». En *The International Journal of Psychoanalysis* 49: 591-599.

— (1999): «Desarrollo emocional primitivo». En *Escritos de pediatría y psicoanálisis*. Barcelona: Paidós, 199-213.

WOOLF, Virginia (2003): *A Writer's Diary*. New York: Mariner Books.

YABLONSKY, Linda (1991): «Luisa Valenzuela. Interview». En *Bomb*, 1 de abril: <https://bombmagazine.org/articles/1991/04/01/luisa-valenzuela>.

ZEITZ, Eileen (1979): «Cristina Peri Rossi: El desafío de la alegoría». En *Revista de Literatura Latinoamericana* 9 (1): 79-101.

Catálogo Almenara

AGUILAR, Paula & BASILE, Teresa (eds.) (2015): *Bolaño en sus cuentos*. Leiden: Almenara.

AGUILERA, Carlos A. (2016): *La Patria Albina. Exilio, escritura y conversación en Lorenzo García Vega*. Leiden: Almenara.

AMAR SÁNCHEZ, Ana María (2017): *Juegos de seducción y traición. Literatura y cultura de masas*. Leiden: Almenara.

ALFONSO, María Isabel (2025): *Antagonías de una exclusión. Ediciones El puente y los vacíos del canon literario cubano*. Leiden: Almenara.

ARROYO, Jossianna (2020): *Travestismos culturales. Literatura y etnografía en Cuba y el Brasil*. Leiden: Almenara.

BARRÓN ROSAS, León Felipe & PACHECO CHÁVEZ, Víctor Hugo (eds.) (2017): *Confluencias barrocas. Los pliegues de la modernidad en América Latina*. Leiden: Almenara.

BLANCO, María Elena (2016): *Devoraciones. Ensayos de periodo especial*. Leiden: Almenara.

BRIOSO, Jorge (2024): *La destrucción por el soneto. Sobre la poética de Néstor Díaz de Villegas*. Leiden: Almenara.

BURNEO SALAZAR, Cristina (2017): *Acrobacia del cuerpo bilingüe. La poesía de Alfredo Gangotena*. Leiden: Almenara.

BUSTAMANTE, Fernanda & GUERRERO, Eva & RODRÍGUEZ, Néstor E. (eds.) (2021): *Escribir otra isla. La República Dominicana en su literatura*. Leiden: Almenara.

CABALLERO VÁZQUEZ, Miguel & RODRÍGUEZ CARRANZA, Luz & SOTO VAN DER PLAS, Christina (eds.) (2014): *Imágenes y realismos en América Latina*. Leiden: Almenara.

CALOMARDE, Nancy (2015): *El diálogo oblicuo: Orígenes y Sur, fragmentos de una escena de lectura latinoamericana, 1944-1956*. Leiden: Almenara.

Camacho, Jorge (2019): *La angustia de Eros. Sexualidad y violencia en la literatura cubana*. Leiden: Almenara.

Campuzano, Luisa (2016): *Las muchachas de La Habana no tienen temor de dios. Escritoras cubanas (siglos XVIII-XXI)*. Leiden: Almenara.

Casal, Julián del (2017): *Epistolario. Edición y notas de Leonardo Sarría*. Leiden: Almenara.

Castro, Juan Cristóbal (2020): *El sacrificio de la página. José Antonio Ramos Sucre y el arkhé republicano*. Leiden: Almenara.

— (2025): *Fisuras en la máquina soberana. Intervenciones estéticas sobre la Venezuela moderna*. Gainesville: Almenara.

Corbatta, Jorgelina (2025): *Autoficción, intertextualidad, psicoanálisis. De Doubrovsky hasta Bolaño en viaje de ida y vuelta*. Gainesville: Almenara.

Cuesta, Mabel & Sklodowska, Elzbieta (eds.) (2019): *Lecturas atentas. Una visita desde la ficción y la crítica a las narradoras cubanas contemporáneas*. Leiden: Almenara.

Churampi Ramírez, Adriana (2014): *Heraldos del Pachakuti. La Pentalogía de Manuel Scorza*. Leiden: Almenara.

Deymonnaz, Santiago (2015): *Lacan en el cuarto contiguo. Usos de la teoría en la literatura argentina de los años setenta*. Leiden: Almenara.

Díaz Infante, Duanel (2014): *Días de fuego, años de humo. Ensayos sobre la Revolución cubana*. Leiden: Almenara.

Echemendía, Ambrosio (2019): *Poesía completa. Edición, estudio introductorio y apéndices documentales de Amauri Gutiérrez Coto*. Leiden: Almenara.

Fielbaum, Alejandro (2017): *Los bordes de la letra. Ensayos sobre teoría literaria latinoamericana en clave cosmopolita*. Leiden: Almenara.

Garbatzky, Irina (2025): *El archivo del Este. Desplazamientos en los imaginarios de la literatura cubana contemporánea*. Leiden: Almenara.

García Vega, Lorenzo (2018): *Rabo de anti-nube. Diarios 2002-2009. Edición y prólogo de Carlos A. Aguilera*. Leiden: Almenara.

Garrandés, Alberto (2015): *El concierto de las fábulas. Discursos, historia e imaginación en la narrativa cubana de los años sesenta*. Leiden: Almenara.

Giller, Diego & Ouviña, Hernán (eds.) (2018): *Reinventar a los clásicos. Las aventuras de René Zavaleta Mercado en los marxismos latinoamericanos*. Leiden: Almenara.

Greiner, Clemens & Hernández, Henry Eric (eds.) (2019): *Pan fresco. Textos críticos en torno al arte cubano*. Leiden: Almenara.

González Echevarría, Roberto (2017): *La ruta de Severo Sarduy*. Leiden: Almenara.

Gotera, Johan (2016): *Deslindes del barroco. Erosión y archivo en Octavio Armand y Severo Sarduy*. Leiden: Almenara.

Gutierrez Coto, Amauri (2024): *Canon, historia y archivo. Volumen I. La segunda promoción de escritores afrodescendientes en el siglo XIX cubano*. Leiden: Almenara.

Hernández, Henry Eric (2017): *Mártir, líder y pachanga. El cine de peregrinaje político hacia la Revolución cubana*. Leiden: Almenara.

Inzaurralde, Gabriel (2016): *La escritura y la furia. Ensayos sobre la imaginación latinoamericana*. Leiden: Almenara.

Kraus, Anna (2018): *sin título. operaciones de lo visual en 2666 de Roberto Bolaño*. Leiden: Almenara.

Loss, Jacqueline (2019): *Soñar en ruso. El imaginario cubano-soviético*. Leiden: Almenara.

Lupi, Juan Pablo & Salgado, César A. (eds.) (2019): *La futuridad del naufragio. Orígenes, estelas y derivas*. Leiden: Almenara.

Machado, Mailyn (2016): *Fuera de revoluciones. Dos décadas de arte en Cuba*. Leiden: Almenara.

— (2018): *El circuito del arte cubano. Open Studio I*. Leiden: Almenara.
— (2018): *Los años del participacionismo. Open Studio II*. Leiden: Almenara.
— (2018): *La institución emergente. Entrevistas. Open Studio III*. Leiden: Almenara.

Mateo del Pino, Ángeles & Pascual, Nieves (eds.) (2022): *Material de derribo. Cuerpo y abyección en América Latina*. Leiden: Almenara.

Montero, Oscar J. (2019): *Erotismo y representación en Julián del Casal*. Leiden: Almenara.

— (2022): *Azares de lo cubano. Lecturas al margen de la nación*. Leiden: Almenara.

Morejón Arnaiz, Idalia (2017): *Política y polémica en América Latina. Las revistas Casa de las Américas y Mundo Nuevo*. Leiden: Almenara.

Muñoz, Gerardo (ed.) (2022): *Giorgio Agamben. Arqueología de la política*. Leiden: Almenara.

Pérez-Hernández, Reinier (2014): *Indisciplinas críticas. La estrategia poscrítica en Margarita Mateo Palmer y Julio Ramos*. Leiden: Almenara.

Pérez Cano, Tania (2016): *Imposibilidad del beatus ille. Representaciones de la crisis ecológica en España y América Latina*. Leiden: Almenara.

Pérez Cino, Waldo (2014): *El tiempo contraído. Canon, discurso y circunstancia de la narrativa cubana (1959-2000)*. Leiden: Almenara.

Popovic Karic, Pol (2020): *Confluencias del contraste y la ironía en la narrativa y el teatro hispánicos*. Leiden: Almenara.

Puñales Alpízar, Damaris (2020): *La maldita circunstancia. Ensayos sobre literatura cubana*. Leiden: Almenara.

Quintero Herencia, Juan Carlos (2016): *La hoja de mar (:) Efecto archipiélago I*. Leiden: Almenara.

— (2021): *La máquina de la salsa. Tránsitos del sabor* [edición ampliada y revisada]. Leiden: Almenara.

Quintero Herencia, Juan Carlos (ed.) (2024): *Desistencia y polémica en el Caribe. Imagen, crítica, política*. Leiden: Almenara.

Ramos, Julio & Robbins, Dylon (eds.) (2019): *Guillén Landrián o los límites del cine documental*. Leiden: Almenara.

Ribas-Casasayas, Alberto & Luengo, Ana (eds.) (2025): *Otras iluminaciones. Narrativa, cultura y psicodélicos*. Gainesville: Almenara.

Rivera, Fernando (2025): *El cuerpo anudado. Objetificación y uso político de los cuerpos en los Andes*. Gainesville: Almenara.

Robyn, Ingrid (2020): *Márgenes del reverso. José Lezama Lima en la encrucijada vanguardista*. Leiden: Almenara.

Rojas, Rafael (2018): *Viajes del saber. Ensayos sobre lectura y traducción en Cuba*. Leiden: Almenara.

Selimov, Alexander (2018): *Derroteros de la memoria. Pelayo y Egilona en el teatro ilustrado y romántico*. Leiden: Almenara.

Timmer, Nanne (ed.) (2016): *Ciudad y escritura. Imaginario de la ciudad latinoamericana a las puertas del siglo XXI*. Leiden: Almenara.
— (2018): *Cuerpos ilegales. Sujeto, poder y escritura en América Latina*. Leiden: Almenara.
Tolentino, Adriana & Tomé, Patricia (eds.) (2017): *La gran pantalla dominicana. Miradas críticas al cine actual*. Leiden: Almenara.
— (2023): *La gran pantalla dominicana. Volumen ii. La ebullición creativa en el cine nacional (2010-2022)*. Leiden: Almenara.
Vizcarra, Héctor Fernando (2015): *El enigma del texto ausente. Policial y metaficción en Latinoamérica*. Leiden: Almenara.

www.ingramcontent.com/pod-product-compliance
Lightning Source LLC
Chambersburg PA
CBHW032103300426
44116CB00007B/874